—Te regalo un castillo gótico Gala.
—Acepto con una condición, que
sólo vengas a visitarme al castillo
con invitación.
—Acepto, ya que acepto en
principio todo a condición que
de que haya condiciones. Es el
principio mismo del amor cortés.

Dalí en su estudio de Portlligat, 1971.

Guía

Texto Antoni Pitxot y Montse Aguer   Fotografías Jordi Puig

Castillo Gala Dalí
Púbol

TRIANGLE▼BOOKS

Guía

Castillo Gala Dalí

Púbol

El refugio de la mujer visible
Pág. 9

EL GARAJE
Pág. 33

EL CUARTO DE BAÑO Y EL TOCADOR
Pág. 65

LA ZONA DEL OFFICE
Pág. 95

Índice

El refugio de la mujer visible

El castillo de Púbol es el segundo vértice del denominado triángulo dalini-ano. Por orden cronológico, este triángulo se conforma, primero, con la casa del pintor en Portlligat; segundo, con el castillo de Púbol, destinado a Gala, y donde, a su muerte, se traslada el pintor hasta el año 1984; y tercero, con el Teatro-Museo Dalí de Figueres, que se inaugura el 28 de septiembre de 1974.

El castillo de Púbol —un edificio medieval adquirido en el año 1969, donde Dalí materializa un desbordante esfuerzo creativo pensando en una perso-na, Gala, y en una función, un lugar apropiado para el descanso y el refugio de su esposa— entusiasma a Gala, a quien agrada especialmente el jardín

Le Vogué de Salvador Dalí, «Numéro du cinquantenaire 1921/1971 réalisé par Salvador Dalí», *Vogue,* París, diciembre 1971 - enero 1972.

y las flores, sobre todo las rosas, que le recuerdan un jar-dín de Crimea, donde durante su infancia había pasado las vacaciones de verano. Gala frecuenta el castillo, su espacio y refugio, entre 1971 y 1980, habitualmente con cortas estancias durante el verano, donde recibe a alguno de sus amantes.

La versatilidad creativa de Dalí, por otro lado, otorga al conjunto arquitectónico de Púbol otra lectura y es en ese sentido que se puede destacar la narrativa condensada que hay en esta creación: no es simplemente una vivienda más, no es sólo una acumulación de objetos —a pesar de que en espacios muy concretos intencionadamente la hay— es el cas-tillo una construcción, reconstrucción, donde se ha querido dotar de sentido a un espacio, y Gala, en este caso, ha sido parte activa al terminar de conferir multi-plicidad de significados al castillo, de intervenir en la obra, de manera que esta arquitectura se imbrica en la biografía de Dalí y Gala, y forma parte inseparable de la última etapa de ambos personajes.

Algunas de las otras claves para entender este univer-so, austero y bello a la vez, nos las da el propio Dalí —en el número especial de *Vogue* publicado en el año 1971 para celebrar el cincuen-tenario de la edición francesa de la revista— cuando narra cómo lleva a Gala a Púbol con los ojos tapados, le ofrece como regalo el castillo y enseguida explicita que: «Gala me cogió la mano y me dijo de repente: "Gracias una vez más. Acepto el castillo de Púbol pero con una sola condición: que sólo ven-drás a visitarme al castillo por invitación escrita". Esta condición que hala-gaba sobre todo mis refinamientos masoquistas, me entusiasmó, Gala se convertía en el castillo inexpugnable que no había dejado nunca de ser. La intimidad y, sobre todo, las familiaridades hacen disminuir todas las pasio-nes. El rigor sentimental y las distancias, como lo demuestra el ceremonial neurótico del amor cortés, hacen crecer la pasión»[1]. La imagen de Gala como castillo inexpugnable la emblematiza Dalí en una fotografía de Gala joven, expuesta en la biblioteca del castillo, sobre la que escribe «Tête a chateau (sic)».

[1] DALÍ, Salvador, *Le point de vue de Dalí,* « Vogué : Numéro du cinquantenaire 1921/1971 réalisé par Salvador Dalí », *Vogue,* París, diciembre 1971 - enero 1972, p. [175]. Traducido en: DALÍ, Salvador, *Obra completa,* vol. IV, *Ensayos 1,* Ediciones Destino, Fundació Gala-Salvador Dalí, Sociedad Estatal de Conmemoraciones, Barcelona, Figueres, Madrid, 2005, p. 821.

salle de bains et qui seront peints en noir (les trésors devant toujours être cachés d'après les règles d'alchimie).
6) De même elle me demande à titre purement amical un plafond de 20 mètres pour le musée de Dalí à Figueras où, pour le même prix, Dalí et Gala vont être entièrement percés de tiroirs magiques afin de pouvoir déverser sur ma ville natale le trésor que nous sommes.

Le Vogué de Salvador Dalí, «Numéro del cinquantenaire 1921/1971 réalisé par Salvador Dalí», *Vogue,* París, diciembre 1971 - enero 1972.

I call my ... Gala, Galuchka, Gradiva
(because she has been my Gradiva) ... oval of her face ... color of her ...
the Catalonian diminutive of olive; and its ...
Olihuette Orihuette, Buributte, ...
Suliuette, Solibubulete, Oliburibuleta ...
call ... Leonete (little Lion) Because she roars like the
Metro-Goldwyn-Mayer lion when she angry;
Squirrel, Tapir, Little Negus (because she
resembles a lively little ...
Bee because ...
... brings me all ... she ...
... let into the honey of my trought in the busy hive of ...

"Regard perceur de murailles"
Paul Eluard

Se brought me the rare books on magic that was in the Process
of elaboration the paranoiac immage tha my subconscius wished for, the
photograph of an unknown ... Painting destined to reveal
a new esthetic enigma, the advice tha would save one of my too
subjective images from romanticism. i also call Gala Noisette
Poilu — Hairy Hazlenut (because of the very fine
down tha covers the hazlenut of her cheets); and also
"Four Bell" (because she reads to me aloud during
mi long sessions of painting, making a murmur
as of a Fur bell ... i learned all
the things that but for her i should
never know) Dali

Le Vogué de Salvador Dalí, «Numéro del cinquantenaire 1921/1971 réalisé par Salvador Dalí», *Vogue*, Paris, diciembre 1971 - enero 1972.

Gala,
la dama del castillo [2]

Gala, nacida Elena Ivánovna Diákonova, es la mujer enigmática y fascinante que hoy nos sigue atrayendo y despertando curiosidad por el mito que en cierta medida, y con su silencio, ella mismo ha contribuido engrandecer. Sabemos de ella a través de los testigos de aquellos que la conocieron y con los que se relacionó a lo largo de su vida; sus amigas de la infancia, la poetisa Marina Ivánovna Tsvetáieva y su hermana Anastasia o la misma hermana de Gala, Lidia. También gracias a los poemas, las dedicatorias y la correspondencia de su primer marido [3], el poeta francés Paul Éluard [4], y de sus amigos, los poetas René Crevel y Joë Bousquet, entre otros. Así mismo, a partir de 1929, seguimos sus huellas de la mano de Salvador Dalí y de sus escritos autógrafos, conservados en el Centro de Estudios Dalinianos. En ellos no revelan algunos de sus recuerdos de infancia y de su vida en América al lado de Dalí, y al mismo tiempo nos descubren sus sentimientos más secretos e íntimos.

Gala nace en Kazan el 18 de agosto de 1894, tiene dos hermanos mayores, Vadim y Nicolai, y una hermana más joven, Lidia. Su padre muere cuando ella no tiene aún 10 años y su madre se casa de nuevo con un abogado moscovita, Dimitri Illitch Gomberg —del que Gala adopta el patronímico—, burgués liberal con quien tiene muy buena relación. Alumna brillante, recibe su formación educativa en el instituto femenino M. G. Brukhonenko de Moscú donde comparte aula y amistad con la escritora Anastasia Tsvetáieva y, su hermana, la poetisa Marina Tsvetáieva. Termina sus estudios con una mediana de notable alto y, por medio de un decreto del zar, es facultada para ejercer de maestra de educación primaria y dar clases en su casa.

Su pasión por la lectura, que cultiva desde muy joven y a lo largo de su vida, la debe en buena medida a su madre. Debido a su delicado estado de salud tiene que permanecer convaleciente durante largos periodos de tiempo. Es en el 1912, cuando su familia decide ingresarla en el sanatorio de Clavadel, en Davos, Suiza, donde conoce al joven poeta Eugène Grindel, que será conocido con el nombre de Paul Éluard. La edad y la pasión por la literatura y la poesía les unen. En 1914 los dos son dados de alta; Gala regresa a Rusia y Éluard se incorpora al ejército, pero antes se han prometido. El estallido de la Primera Guerra Mundial no les ayuda. Las familias tampoco ven con agrado su relación. Sin embargo, y a pesar de todas las dificultades,

[2] Este tema fue analizado extensamente en el catálogo: AGUER, Montse; DE DIEGO, Estrella. *Gala. Àlbum.* Distribucions d'Art Surrealista, Figueres, 2007. Y más recientemente en el catálogo: CRESPO, Bea; SILVESTRE, Clara, «Gala: le cronología», a DE DIEGO, Estrella. *Gala Salvador Dalí. Una habitación propia en Púbol,* Museu Nacional d'Art de Catalunya, Barcelona, 2018.

[3] Publicada en ÉLUARD, Paul, *Cartas a Gala,* Tusquets, Barcelona, *1986.*

[4] Paul Éluard (1895-1952). Pseudónimo con el que se conoce al escritor y poeta Eugène Grindel. Después de participar en la Primera Guerra Mundial, entra en contacto con otros escritores como André Breton, Tristan Tzara o Louis Aragon, con los que es miembro activo de varios movimientos de vanguardia, especialmente del dadaísmo y el surrealismo. Entre sus principales escritos podemos destacar: *Le Devoir et l'Inquiétude* (1917), *Capitale de la douleur* (1926), *L'Immaculée Conception,* con André Breton (1930), *Cours naturel* (1938), *Poésie et Vérité* (1942) o *Les Sentiers et les Routes de la poésie* (1954).

Púbol.

Salvador Dalí pintando la tela para el techo de la sala de los Escudos.

Construcción de los elefantes del jardín de Púbol, en Portlligat.

Gala se traslada de Moscú a París, donde la pareja se casa en el 1917 y en el 1918 nace su única hija, Cécile. Se relacionan con los abanderados de los movimientos de vanguardia del momento, los dadaístas y surrealistas, y Gala no es sólo su compañera, sino que además asiste y participa en muchas de sus reuniones. En 1922 empieza una relación con el pintor Max Ernst que se rompe en 1924. Testigo de la influencia activa que ejerce sobre su entorno inmediato es la pintura de Ernst, *Au Rendez-vous des amis* de 1922, donde Gala aparece representada, como única mujer, junto con los miembros del futuro grupo surrealista.

La relación con Éluard se mantiene hasta 1929 a pesar de quedar trasegada por el triángulo amoroso, epílogo del que se refleja en el libro *Au Défaut du Silence* (1925), compuesto por versos de Éluard e ilustraciones de Ernst.

No es hasta 1929 que conoce a Salvador Dalí. En abril, el pintor viaja a París para presentar la película que ha hecho junto con Luis Buñuel, *Un chien andalou*, y allí el galerista y poeta belga Camille Goemans le presenta a Paul Éluard. Dalí los invita a pasar el verano en Cadaqués. Goemans y su compañero, René Magritte y su mujer, Luis Buñuel, Paul Éluard y Gala, con su hija Cécile, pasan ahí una temporada. Cuando el pintor conoce a Gala, queda totalmente traspuesto y se enamora. Escribe en su autobiografía *La vida secreta de Salvador Dalí*: «Estaba destinada a ser mi Gradiva, "la que avanza", mi victoria, mi esposa»[5] (este nombre proviene del título de la novela homónima de W. Jensen, donde Gradiva, la heroína, posibilita la cura psicológica del protagonista). Gala permanecerá siempre más al lado del pintor. En 1934 se casan por el civil. A partir de ahora su biografía va ligada a la de Dalí y a su consagración como pintor tanto en Francia como, más adelante, en la década de 1940, en Estados Unidos. En 1948 regresan de América. En 1958 se casan en el Santuario dels Àngels, muy cerca de Púbol. Es el 1969 cuando el pintor compra el castillo de Púbol para Gala, cumpliendo la promesa que le había hecho durante los años treinta. Para la restauración del edificio contamos, una vez más, con el constructor Emilio Puignau. La implicación de Gala en la rehabilitación y decoración del castillo es absoluta, supervisando y gestionando todo el proceso constructivo. En una carta dirigida a Puignau, le expresa la responsabilidad que tienen en este nuevo proyecto en común: «Como ya se habrá dado cuenta, Púbol es mi "caballo de batalla"; el nuestro, mejor dicho. Me cautivan las posibilidades que esta casa en ruinas puede ofrecer, aunque de ella puede salir también un monstruo. Hasta ahora, trabajando los dos siempre hemos triunfado en Portlligat. Esta pequeña casa se ha vuelto famosa, se ve reproducida por todas partes, todavía hoy. Por lo tanto, tenemos una gran responsabilidad de un nuevo y grandioso éxito, usted y yo»[6]. A partir de 1971 y hasta el 1980, Gala pasa en él algunas temporadas, normalmente en verano. En 1974 se terminan las obras del jardín. En el 1982 Gala muere y es enterrada allí.

[5] DALÍ, Salvador, *La vida secreta de Salvador Dalí*. En *Obra completa*, vol. I, *Textos autobiográficos 1*, Ediciones Destino, Fundació Gala-Salvador Dalí, Sociedad Estatal de Conmemoraciones, Barcelona, Figueres, Madrid, 2003, p. 638.

[6] Traducido de: Carta de Gala a Emilio Puignau, autógrafa, 17/02/1970 (Figueres, Centre d'Estudis Dalinians, Fundació Gala-Salvador Dalí).

Salvador Dalí y Gala delante de la obra *Cuerpo hipercubo (basado en el tratado sobre la forma cúbica de Juan de Herrera, constructor de El Escorial)* en el Palazzo Pallavicini Rospigliosi, Roma, 1954.

Gala. Cuaderno manuscrito publicado póstumamente como *La vida secreta: diario inédito* (2011), década de 1940.

Gala ha sido siempre considerada la musa de Salvador Dalí, una musa inspiradora y una mujer misteriosa, adjetivo tópico, pero que define bien uno de los cometidos que alcanza al lado del pintor. Querida por unos, odiada por otros, nunca dejaba indiferente. Fue una mujer de gran intuición que supo reconocer el genio artístico y creador de artistas e intelectuales como Paul Éluard, Max Ernst, Giorgio de Chirico, René Char, René Crevel o Salvador Dalí, por citar sólo algunos. Paul Éluard describe su mirada como «Visage perceur de murailles»[7] (mirada perforadora de murallas), una mirada inmortalizada por el fotógrafo americano Man Ray y, delineada en las creaciones que Max Ernst le dedicó.

Dalí, a lo largo de su autobiografía, nos da diversas visiones de Gala, la mitifica y la convierte en un elemento iconográfico de su obra para explicarse a sí mismo y para explicar sus conceptos artísticos e intelectuales. Primero aparece como ejemplo de las «serenas perfecciones del Renacimiento»[8]. En la segunda parte, Gala se nos presenta de maneras diferentes que, como un rompecabezas, acaban conformando una personalidad determinada. Dalí nos habla de Gala en relación con el deseo y el descubrimiento del acto sexual: «La besé en la boca, en el interior de su boca. Era la primera vez que lo hacía. No había sospechado hasta entonces que se pudiera besar de aquel modo. De un solo brinco, todos los Parsifales de mis deseos eróticos, tan largo tiempo frenados y tiranizados, levantáronse despertados por los choques de mi carne»[9]. «Gala había empezado a explicarme minuciosamente las razones de su deseo y se me ocurrió de pronto que ella también tenía su mundo interior de deseos y fracasos y se movía con ritmo propio entre los polos de la lucidez y la locura»[10].

A continuación, també en su autobiografía, el Dalí más surrealista, y con un tono irónico, asocia la comida con el ser amado, que tiene que ser devorado para llegar así al amor total, a la fusión de los seres amados. Pero, a su vez, Dalí nos presenta una Gala diferente, más compleja, mucho más cercana a lo que él denomina el principio de realidad:

«Desde los días de Málaga me había hecho discípulo de Gala. Ella me había revelado el principio del placer. Ella también me enseñó el principio de la realidad en todas las cosas (...) Me enseñó también el "principio de la mesura" que dormitaba en mi inteligencia. Ella era el Ángel del Equilibrio, el precursor de mi clasicismo»[11].

No podía faltar tampoco Gala, modelo y musa. Una musa inspiradora que, siempre según Dalí, «descubre y me trae todas las esencias que se convierten en la miel de mi pensamiento, en la atareada colmena de mi cerebro»[12]; le lleva asimismo «el raro libro de magia que debía nutrir mi magia»[13] y «lee para mí en voz alta durante largas sesiones de mi pintura, produciendo un murmullo como de campana de piel, gracias al cual aprendo todas las cosas que, sin ella, no llegaría a saber nunca»[14]. Una visión que nos remite a un aspecto no demasiado destacado de Gala: una Gala culta, relacionada con círculos de intelectuales y artistas, sobre todo con el grupo surrealista en torno a André Breton. Una Gala alentadora, tenaz, colaboradora inseparable y diligente del artista: «(...) Gala y yo nos fuimos a la tienda Bonwit-Teller, en donde se estaban montando mis dos escaparates.

[7] ÉLUARD, Paul; ERNST, Max. (il.), *Au Défaut du Silence*, París, 1925, p. 11.

[8] *Cit. supra.*, n. 5, p. 247.   [9] *Cit. supra.*, n. 5, p. 656-657.   [10] *Cit. supra.*, n. 5, p. 659.

[11] *Cit. supra.*, n. 5, p. 776-777.   [12] *Cit. supra.*, n. 5, p. 664.   [13] *Ib.*   [14] *Ib.*

Concebí sobre el terreno una serie de nuevos inventos líricos, y estuvimos dando los toques finales a las dos exhibiciones hasta las seis de la mañana. Gala había desgarrado completamente su vestido en su ardor por clavar y suspender falsas joyas en todas partes. Muertos de cansancio, nos acostamos» [15].

Al mismo tiempo una gran impulsora, un motor para Dalí, que estaba decidida a tirar adelante el resto de sus días con el pintor y ayudarle en su consagración internacional:

«Gala sola era testigo de mis furias, mis desesperaciones, mis fugaces éxtasis y mis recaídas en el más amargo pesimismo. Ella sola sabe hasta qué extremo se hizo la pintura para mí en esta época una feroz razón de vivir, mientras al mismo tiempo hacíase una aún más feroz e insatisfecha razón de amarla a ella, Gala, pues ella y sólo ella era la realidad; y todo lo que mis ojos eran capaces de ver era "ella", y era el retrato de ella lo que sería mi obra, mi idea, mi realidad» [16].

También existe una Gala marchante, gestora económica de la pareja: «Yo, como todas nosotras, las mujeres rusas, personalmente intento ayudar en todo a mi marido. Con frecuencia le sirvo de modelo, hago de secretaria en todo lo que se refiere a la parte práctica de nuestra vida, porque él, como ves está totalmente sumergido en el mundo creativo, en el trabajo. No es capaz de ocuparse de estas tonterías. Yo tampoco soy muy brillante pero vivimos como todos los artistas, trabajamos para lo que es más importante: la posibilidad para un talento de expresarse» [17]. Al mismo tiempo una Gala creadora, con obra propia y, compartida, en los dibujos *cadvre exquis*, con vocación clara de escritora que nos remite a su breve pero insubstituible autobiografía, *La vida secreta: diario inédito*, que había permanecido inédita hasta hace muy poco. Y una Gala editora: ordena textos de Dalí, los corrige, vela por ellos, le da indicaciones y le facilita la labor de publicar, como por ejemplo en el libro *La Femme visible* de 1930.

Podemos añadir que, además, Gala es una persona interesada por el mundo de la clarividencia, del tarot y del juego. Salvador Dalí nos habla de «su intuición de médium» [18]; una persona calificada muy a menudo de arisca, dura y antipática; que se separa de su única hija, Cécile. Una Gala vulnerable, que busca la eterna juventud, y así lo expresa en sus escritos: «Sí, se piensa que soy una fortaleza bien defendida, perfectamente organizada, cuando a lo más podría ser una pequeña torre vacilante que, por pudor, trata de cubrirse de hiedra espesa, esconder sus ya deterioradas paredes y encontrar algo de soledad» [19]. Y una Gala independiente y que lucha toda la vida para elegir qué y a quién quiere; una mujer que se relaciona con sus parejas más allá de los límites establecidos por la moral convencional; una mujer que, según Dalí, «ha construido todo el éxito de mi vida».

---

[15] *Cit. supra.*, n. 5, p. 876. [16] *Cit. supra.*, n. 5, p. 893.

[17] Borrador de la carta de Gala a su padre, Dimitri Illitch Gomberg, *c.* 1945. (Figueres, Centre d'Estudis Dalinians, Fundació Gala-Salvador Dalí). Traducido en: DALÍ, Gala, *La vida secreta: diario inédito*, Fundació Gala - Salvador Dalí, Galaxia Gutenberg, Círculo de Lectores, Figueres, Barcelona, 2011, p. 19.

[18] *Cit. supra*, n. 5, p. 638.

[19] Traducido de: Escrito autobiográfico de Gala, autógrafo [década de 1970], (Figueres, Centre d'Estudis Dalinians, Fundació Gala-Salvador Dalí).

Perspectiva del jardín.

EL CASTILLO

El castillo de Púbol es, del denominado triángulo daliniano, el lugar asociado a Gala más austero y relacionado sobre todo con la última fase creativa del artista. Es el sitio que Dalí ofrece a su dama, el que le rinde en homenaje, un lugar de aislamiento, melancólico, de aires proustianos, de búsqueda de un mundo perdido, de proyección subjetiva.

Dalí hace referencia al castillo en su obra escrita y es interesante comprobar cómo en 1973 en *Comment on devient Dalí (Confesiones inconfesables)* lo presenta como una continuación de Portlligat —precisamente a través de la sala Redonda u Oval, el sitio de Gala—, entendido como un espacio destinado a su dama y a un ideal amoroso. Dicha asociación queda bien explícita en el siguiente párrafo:

«Todo celebra el culto de Gala, hasta la habitación redonda, de eco perfecto, que corona el conjunto de la edificación y que es como una cúpula de esta catedral Galá-ctica; y cuando me paseo por esta casa, me miro y veo mi concentricidad. Me gusta su rigor moruno. Me faltaba ofrecer a Gala un estuche más solemnemente digno de nuestro amor. Por ello le regalé una mansión edificada sobre los restos de un castillo del siglo XII, en La Bisbal, el antiguo castillo de Púbol, donde ella reina como soberana absoluta, hasta el punto de que yo no la visito si no es con una invitación escrita de su mano»[20].

Y en el artículo antes mencionado para el número especial de *Vogue* añade: «Desde mi periodo surrealista, he firmado mis mejores cuadros: Gala Salvador Dalí. No hace falta ser Sartre para afirmar que el nombre es la persona, pero sí es necesario ser Dalí para afirmar que la superpersona, el superhombre de Nietzche y la supermujer daliniana, es su castillo»[21].

El castillo de Púbol es, pues, un lugar muy significativo en la creación daliniana: una continuación de Portlligat con personalidad propia. Es el regalo de Dalí a Gala, su dama, a quien rinde vasallaje, y al que no puede acceder sin el permiso escrito de ella. En ese sentido es ilustrativo el texto autógrafo de Dalí, «Le chateau de Gala, la Gala du chateau (sic)», en el libro de Jean-Charles Pichon, *L'Homme et les dieux*[22] en el que el artista hace referencia a Gala y al castillo:

«—Te regalo un castillo gótico Gala.
—Acepto con una condición, que sólo
vengas a visitarme al castillo con
invitación.
—Acepto, ya que acepto en principio
todo a condición de que haya condiciones.
Es el principio mismo del amor cortés».

[20] DALÍ, Salvador; PARINAUD, André. *Confesiones inconfesables*. En *Obra Completa*, vol. II, *Textos autobiográficos 2*, Ediciones Destino, Fundació Gala-Salvador Dalí, Sociedad Estatal de Conmemoraciones, Barcelona, Figueres, Madrid, 2003, p. 693-694.

[21] *Cit. supra.*, n. 1, p. 821.

[22] PICHON, Jean-Charles. *L'Homme et les dieux*. Robert Laffont, París, 1969.

El conjunto arquitectónico del castillo de Púbol está formado por la actual iglesia parroquial, la masía-palacio fortificada rodeada de un jardín amurallado y el edificio adjunto conocido como Diezmo. A su alrededor, se apiñan las casas protegidas por los restos de la muralla medieval, y, enmarcando el conjunto, el riachuelo, con su vegetación característica, donde los protagonistas son los chopos (que dan nombre al pueblo, Púbol) y otros árboles propios de un ecosistema húmedo. Todo ello completa este icono de pueblo ampurdanés marcadamente medieval, donde todavía podemos encontrar restos del primer recinto amurallado o numerosos vestigios arquitectónicos del momento de máximo esplendor de la baronía, a finales del siglo XIV, principios del XV. Dalí presenta en varias ocasiones este conjunto en su obra tanto pictórica como escrita.

La primera percepción del castillo la tenemos al subir por la actual calle Gala Dalí, desde donde vemos el muro oeste de la masía, protegida por las almenas del Diezmo y los restos del matacán que, seguramente, protegía la entrada principal. La calle adoquinada nos conduce a la puerta principal de acceso, donde descubrimos una plazoleta, otrora cementerio, presidida por

Púbol.

la iglesia gótica, y limitada al norte por los restos de la muralla —un tramo de la cual reventaron los propios vecinos— y al sur, por los muros de las estancias privadas de Gala. Justo en uno de esos muros del castillo todavía podemos descubrir una cavidad con los restos, según reza la leyenda popular, de tres calaveras de unos bandoleros ajusticiados y expuestos al escarnio público.

Ya delante de la fachada principal, las palabras de Dalí, narradas por Emilio Puignau, constructor y amigo del artista, nos hacen más comprensibles sus deseos: «(...) he visto en la fachada algo estupendo, sublime: no solo está agrietada, sino que forma un resalte en la grieta que da la impresión que ahí ha pasado un cataclismo, un terremoto; que una parte aguantó firme y la otra se ha separado y desplomado. Por lo tanto, no hay que tocarlo, hay que dejarse todo tal como está»[23].

[23] Puignau, Emilio, *Vivencias con Salvador Dalí*, Juventud, Barcelona, 1995, p. 110.

LA ENTRADA Y EL PATIO

Al entrar en el recinto, nos encontramos en una terraza almenada presidida por los rosales multicolores y el espliego aromático que engalanan la fachada principal del castillo por deseo expreso de Gala. Colores y aroma que le hacen evocar las vacaciones infantiles a orillas del Mar Negro. Desde aquí podemos empezar a intuir el planteamiento romántico que Salvador Dalí quiere dar a todo el conjunto y el papel determinante de Gala en su ejecución. Desde el punto de vista de acabado arquitectónico, el artista ampurdanés da gran importancia a la idea de ruina —como en el Teatro-Museo Dalí, hay la concepción de rehabilitar un edificio más o menos ruinoso, respetando escrupulosamente el aspecto deteriorado por el paso del tiempo, que él denomina los signos y los estigmas del tiempo.

El exterior del castillo de Púbol, a diferencia de la casa de Dalí en Portlligat, refleja el pragmatismo de Gala, que quiere un edificio austero que pase desapercibido y proteja su intimidad. Por lo que respecta al jardín, Dalí desborda la estructura a la francesa del jardín original de los barones de Púbol, para transformarlo en un jardín inspirado en la experiencia estética y de los sentidos que le quedaron grabados después de su visita a los jardines de Bomarzo, cerca de Roma. También se inspira en toda la tradición del bestiario, tan popular en la Edad Media. A su vez un aire decadente, que remite al compositor Richard Wagner y al rey Ludwing II, y también a Luchino Visconti[24], invade todo el ambiente, tanto del jardín en concreto como de todo el castillo en general.

La puerta adovelada de la fachada de los rosales está flanqueada por dos especies de ménsulas antiguas acabadas en forma de cabeza humana con bigote, que parecen caricaturas de Dalí.

Fachada principal del patio.

[24] Dalí trabajó con el director de cine y de teatro Luchino Visconti en el año 1948 realizando el vestuario y el decorado de la obra de William Shakespeare, *Como gustéis*, dirigida por el italiano.

Escultura situada en el tejado del patio.

Tartana de los barones de Púbol.

Esta entrada nos conduce al primer porche en el que Gala hizo pintar, a modo de divertimiento, un cielo estrellado. Aquí encontramos la tartana de los barones de Púbol que Dalí conservó en su lugar (elemento iconográfico, la tartana, que aparece en distintos óleos del artista). A su lado está el pozo y una estatua de yeso, muy parecida a la escultura en mármol *Adolescente desnudo* (*c.* 1500) hoy conservada en el Museo del Prado de Madrid. Esta misma escultura la encontramos en el tejado —visible desde el interior del patio— en el garaje y, fragmentada en dos partes, en la galería y en el acceso a la cripta.

Desde aquí también se puede acceder a las antiguas caballerizas del castillo, hoy utilizadas como consigna, donde se conserva un caballo blanco disecado, regalo del pintor Joan Abelló a Dalí. Durante los años en que Gala y Dalí estuvieron en Púbol, este caballo también había estado en la entrada de la escalera que accede a la cripta donde está enterrada Gala.

El primer porche nos abre el acceso al patio central empedrado, de planta trapezoidal, que es el eje a partir del cual se estructura y se distribuye el edificio: una planta baja y dos pisos con los que Dalí jugará para crear los espacios adecuados para la residencia de Gala en el primer piso, reduciendo el segundo a la mínima superficie con una función más de altillo. El patio conserva el aire medieval que define todo el pueblo.

El elemento más característico del patio es la fachada principal góticorenacentista, con el escudo de la baronía de finales del siglo XIV y principios del XV, linaje Campllong-Corbera-Requesens, la escalera de acceso a la planta noble y la puerta de la actual tienda. Al lado sur, el patio cuenta con un segundo porche para salir al jardín donde está la entrada para bajar a la cripta.

Salvador Dalí. *Púbol de Gala, c.* 1971.

Escudo de la baronía de Púbol.

EL GARAJE

En tiempos de Gala, se podía llegar al garaje de la casa tanto desde el jardín como desde una habitación llamada la sala Persa, actualmente tienda del Castillo Gala Dalí de Pubol. Se llamaba así por la decoración de aire oriental con cojines y un largo sofá. En la tienda se conserva parte de la antigua decoración como una lámpara de techo con cristales de colores, que recuerda las luces tipo farola del arquitecto modernista Josep Puig i Cadafalch.

La ventana que une esta sala y el garaje es la prueba que en algún momento había existido una prisión en los bajos de la casa señorial, ya que, seguramente, un pequeño agujero en la ventana permitía pasar el plato de comida a los reclusos sin necesidad que el carcelero tuviera que entrar.

En este espacio estirajado, con una bóveda que conserva el encofrado de cañas, se halla una vieja calesa, denominada por el pintor «La calesa de los olvidados», dejada por los antiguos propietarios del castillo. La calesa sólo salió una vez desde que Dalí y Gala se quedaron el castillo, con motivo de la sesión fotográfica para el número especial, antes mencionado, de la revista *Vogue*. Lo hizo por el jardín, conducida por dos caballos de un campesino y menada por Gala. Además de Gala y el pintor, montaron también Emilio Puignau y Arturo Caminada, amigo y mayordomo, y el matrimonio Bosch, cuidadores del castillo y servicio de confianza de Gala. Marc Lacroix fotografió el instante que Dalí describió y enriqueció con estas palabras: «Aquí, estoy yo detrás, como sirviente de Gala, como lacayo. Gala dirige a todo el mundo, tiene el látigo en la mano»[25].

El Cadillac Sedan Deville, en el garaje.

En el garaje también podemos ver otros medios de locomoción más modernos, como los coches utilizados por los Dalí, para trayectos cortos o bien para hacer encargos. De hecho, Gala era quien conducía, o bien, más adelante, Arturo Caminada. Durante mucho tiempo hubo aparcado un utilitario de color naranja de la marca Datsun para la que Dalí realizó un anuncio publicitario para la televisión americana en 1972. Actualmente se encuentra en el exterior, al lado del garaje.

El otro coche es un Cadillac azul, matrícula 8942 del Principado de Mónaco, un modelo Sedan Deville adquirido por 10.000 dólares en 1976 en Estados Unidos. Se puso en circulación el 16 de marzo de aquel año con la

[25] *Dalí, Lacroix, Gala: el privilegio de la intimidad*, Fundación Eugenio Granell, Santiago de Compostela, 2000, p. 58.

matrícula 568 YUL-USA a nombre de Mrs. Helen Dalí, domiciliada en el Hotel Saint Regis. Pero en 1977, cuando los Dalí fijaron su residencia en Montecarlo (en el 36 de la Rue des Remparts), trasladaron el coche a Europa y le cambiaron la matrícula por la actual. Entre los viajes de este vehículo destaca el del 10 de junio de 1982, usado como coche mortuorio para trasladar el cuerpo de Gala de Portlligat a Púbol.

La presencia del automóvil en la obra de Dalí es significativa y constante a lo largo de su producción artística. La encontramos ya en pinturas tempranas como en *Bañista* (1924), retrato de su amigo Joan Xirau, o en *Muchacha de Figueres* (1926). Dalí enriqueció los múltiples significados que se atribuyen al coche y le aplica su método paranoico crítico y su especial concepción del mundo. Así, utiliza el coche fosilizado que aparece en *La memoria de la mujer-niña* (1929) y en *El automóvil fósil del Cabo de Creus* (1936) para extender en el tiempo la presencia mineral y intemporal de las rocas del cabo de Creus. La presencia de máquinas dinámicas en su obra como vehículos o aviones crea una disociación de ideas. Une la materia fósil, el tiempo inmemorial, con el elemento más reciente en la historia del hombre: la máquina que proporciona movilidad. El contraste de ideas e imágenes sirve para despertar la imaginación del espectador, para provocarlo.

Dalí también utiliza el automóvil para la creación del *Taxi lluvioso*, que presentó en la *Exposición Internacional del Surrealismo* en París el 1938. Sucesivamente, hizo nuevas interpretaciones de dicha obra, la última se encuentra en el patio de butacas del Teatro-Museo Dalí de Figueres des-

Lámpara de techo
con cristrales de colores.

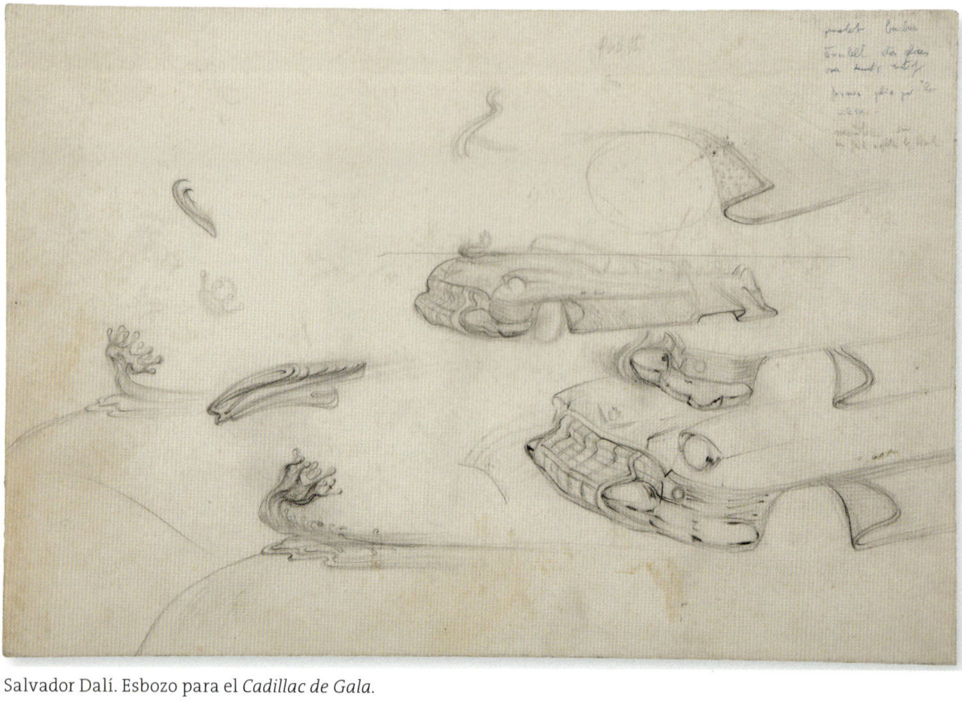

Salvador Dalí. Esbozo para el *Cadillac de Gala*.

34

de 1974. Se trata del famoso Cadillac que forma parte de la instalación que preside este espacio.

En 1974, según explicó Jaume Miravitlles, amigo de infancia del pintor, en un artículo en la *Revista de Girona*: «La General Motors había lanzado al mercado un *Cadillac de Lujo* que había sido un gran éxito comercial, y quería repetir la prueba con un modelo más caro y más sofisticado. Dalí recibió una notificación oficial para lanzar un nuevo modelo. Inmediatamente tuvo una idea: el coche se llamaría *Cadillac de Gala*, un nombre bomba y dentro de la obsesión del artista. Acompañó el nombre con un breve croquis que dibujó con bolígrafo, en un papel de carta del Hotel Saint Regis. Era muy interesante, aunque no sé si se podía producir "en cadena". Se trataba de un Cadillac corriente cubierto por una suntuosa capa metálica de

«La calesa de los olvidados».

color rojo obispo, que tapaba el techo del automóvil y bajaba por los lados y la parte de atrás, dejando sólo el espacio sin cubrir reducido a las ventanas. Lo hizo en menos de cinco minutos, pero el resultado era, realmente, impresionante: un coche real, ¡de gala!

No sé sabe lo que ocurrió. No hubo respuesta alguna, ni positiva ni negativa, por parte de la General Motors. Pero un año o dos más tarde la empresa anunciaba la aparición de un modelo nuevo:

¡el *Cadillac de Gala*! El nombre sólo, sin ninguna de las innovaciones que Dalí había propuesto[26]».

En 1976, en el primer número de su *Setmanari Artístic Mar Empordanesa*, escribe Dalí estas palabras sobre el *Taxi lluvioso*, expuesto en el Teatro-Museo:

«... el famoso Cadillac que Dalí regaló a Gala y del cual existen seis ejemplares. Uno de ellos pertenecía al presidente Roosevelt, otro a Clark Gable, etc. Esta es la cuarta reproducción del famoso *Taxis lluviosos*, hoy todas destruidas. El primero fue exhibido y alcanzó gran sensación en la exposición surrealista de París. El segundo, en la Féria Mundial de Nueva York, y el tercero en la retrospectiva surrealista del Museo de Arte Moderno de Nueva York. Y el cuarto es este, permanente en el Museo Dalí»[27].

Este coche era el que Gala había conducido en largos trayectos desde California hasta Nueva York y que, finalmente, utilizó Arturo Caminada.

[26] Traducido de: MIRAVITLLES, Jaume. «Dalí i l'aritmètica». *Revista de Girona*. Girona: julio 1974, p. 34.

[27] Traducido de: DALÍ, Salvador. «Guía Secreta del Teatro-Museo Dalí». *Setmanari Artístic Mar Empordanesa*. [Figueres] 31/12/1976, s.p.

LA SALA DE LOS ESCUDOS

El primer piso del castillo era el espacio de residencia, y tanto la puerta de entrada, al final de la escalinata de piedra, como un ventanal, al lado mismo, revelan ya una suntuosidad que no se percibe en los muros exteriores. Se debe al historiador Joan Badia i Homs una minuciosa descripción de estas dos aperturas que explican parte de la historia genealógica del castillo. Del ventanal «cuarteado, renacentista»[28] dice que «la base de los montantes y columnas tienen motivos en relieve; en los ángulos superiores están sendas ménsulas que representan leones y en los inferiores, dragones»[29]. De la puerta destaca un gran emblema en bajorrelieve añadido en el siglo XVI: «La enmarcan dos falsas columnas coronadas por pináculos con

Salvador Dalí. Proyecto para la decoración de la bóveda de la sala de los Escudos, *c.* 1969.

motivos florales, entre ellos una arcada de arista realzada por una cruz. En la parte inferior de cada columna hay dos relieves curiosos: quieren representar cintas con borlas. El escudo, en el centro, está inclinado hacia la izquierda, pertenece a los Requesens-Corbera[30] (apareado: el cuervo en un lado y cuatro cartelas en el otro). Encima hay un casco de guerrero del cual cuelgan cuatro cintas, y encima de todo un león rampante que tiene agarrado un haz, quizás de lanzas»[31].

Al entrar en esta sala, como también al entrar en la sala Palacio del Viento del Teatro-Museo de Figueres, los visitantes quedan sorprendidos y maravillados. En el techo, una gran pintura cubre toda la bóveda. En el muro de delante, hay un mueble y unas sillas forradas de tela blanca, con lazos a la manera de la casa Dior, como los disfraces que hay en el Teatro-Museo que los Dalí se pusieron para el baile organizado por Charles de Beistegui en Venecia, y que Pierre Cardin recordó con todo detalle en una visita suya al triángulo daliniano. El mueble está ornado como si fuera un altar y destacan un par de candelabros de plata trabajada de cinco brazos, con sus respectivas velas de color blanco y una escultura de madera, obra de Salvador Dalí, de un Cristo en la cruz apoyado sobre un *pa de crostons* (pan de picos).

[28] Traducido de: BADIA I HOMS, Joan. *L'arquitectura medieval de l'Empordà*, Vol. I. Girona, Diputació de Girona, 1977, p. 307.

[29] *Ib.*

[30] El mencionado escudo es una combinación de dos linajes que poseyeron el castillo. A la derecha aparece el cuervo, símbolo de los Corbera, que también se halla sobre la puerta de la iglesia, y a la izquierda, la heráldica de los Requesens representada en los cuadrantes 1º y 4º por cuatro *pals de gules* (equivalente al color rojo) sobre campo de oro, y en el 2º y 3º, por tres torres de oro sobre campo de azur (azul oscuro). Josep M. Marquès identifica la cinta con borlas con Sança, que se quedó viuda de Gispert de Campllong en 1400. (PITXOT, Antoni; PLAYÀ, Josep. *Castillo Gala Dalí: el camino de Púbol*, Fundació Gala-Salvador Dalí, Escudo de Oro, Figueres, Barcelona, 1997, p. 20).

[31] *Cit. supra.*, n. 28, p. 307.

Las dos repisas están llenas de varios objetos: una gran sopera y una bandeja de plata con elementos decorativos vegetales; una espada de puño de metal dorado y de hoja delgada de tres cantos, que lleva gravada en el mango la inscripción « VIVE LE ROI »; varios jarrones de pasta de vidrio, a destacar dos de Daum Nancy y uno de Émile Gallé, con hojas marrones sobre un fondo blanco, depositarios de un espíritu totémico; una rebanada de mineral; dos conchas de caracol fosilizadas; un cáliz de metal dorado y una copa-frutera de cristal verde. Vemos, pues, la acumulación de objetos típicamente daliniana, que podemos encontrar también en los otros dos centros del triángulo.

Destaca en la sala la presencia de seis escudos, que ya estaban cuando los Dalí compraron el castillo y seguramente representaban los blasones de los diversos linajes familiares que lo habían habitado. Se tuvieron que restaurar y, a pesar de que se conservaron algunos de los elementos primitivos, se añadieron otros detalles y emblemas esotéricos que muestran la intervención y reinterpretación iconográfica de Dalí.

Hay una excepción, el escudo situado en la pared izquierda y en el que no se distinguía casi nada, había quedado lleno de salpicaduras de los pintores que contribuían a la rehabilitación del espacio [1]. Dalí dijo que era el más auténtico y pidió que lo dejaran tal como había quedado: se distinguen dos mitades, una de tonos marrones y la otra de tonos azul oscuro, en homenaje a los pintores. En el caso de este escudo salpicado hay que considerar el respeto de Dalí por el signo del accidente, siempre considerado sagrado al participar en él el azar. También en Portlligat le gustaba mantener una puerta exterior tal como la habían dejado los pescadores que secaban ahí los pinceles utilizados para pintar las barcas. Lo hacían durante los largos días de invierno cuando por el mal tiempo no se podía salir al mar. Dalí, al volver de Nueva York, cada primavera se encontraba la sorpresa de la puerta exterior pintada con la mejor *action painting* de la natural sabiduría popular.

En el lado derecho de la sala hay un escudo completamente renovado, que con una partitura musical, en forma de epigrama, del rondó «Belle, bonne, sage» del compositor francés Baude Cordier (1380-1440) parece especialmente dedicado a Gala. Se acompaña de una flor de lis y una G (de Gala) sobre un fondo azul (óleo y pintura dorada sobre plancha de metal, 101 × 69,2 cm, *c.* 1971) [2]. Quizás el más daliniano de todos es el que tiene la silueta de un castillo de tonos azules, en la parte superior, y un dodecaedro debajo,

[1]   [2]   [3]

Escudos reinterpretados por Dalí.

con tres rosas rojas a los lados (óleo y arena sobre madera, 101 × 69,5 cm, *c.* 1971) **[3]**. Sobre esta especie de altar profano, hay un escudo que representa un cuervo con las alas abiertas y otro de perfil, si bien en una postura que no coincide con la de la heráldica de los Corbera (óleo y arena sobre plancha de metal, 101 × 69 cm, *c.* 1971) **[4]**. Un quinto escudo, situado sobre la linda de una de las puertas, presenta una franja en el centro (signo heráldico de los Campllong) y dos leones rampantes a cada lado (óleo y arena sobre plancha de metal, 101 × 68,5 cm, *c.* 1971) **[5]**. El último que queda por describir tiene tres flores de lis en la parte superior sobre fondo rojo con una banda cruzada

Mueble-altar.

[4]

[5]

[6]

en la parte inferior sobre fondo negro que podría corresponder al escudo de los Miquel (óleo y arena sobre plancha de metal, 101 × 69 cm, *c.* 1971) **[6]**. A destacar para finalizar, el escudo heráldico de Marqués de Dalí de Púbol, creado por el própio pintor y formado por una corona de marquesado y tres colas de armiño blancas sobre fondo azul. Recordemos que, en 1982, el rey Juan Carlos I nombra al pintor Marqués de Dalí de Púbol, título del que siempre se sintió muy honrado.

A ambos lados del altar encontramos sendas puertas, pero la de la izquierda es ficticia. Se trata de un *trompe-l'œil* pintado por Dalí hacia el 1972 (óleo sobre tela, 220,5 × 115,7 cm), enmarcado por sillares auténticos, ya que antiguamente había habido una apertura. Esta puerta simulada está entreabierta y mediante una falsa perspectiva da paso a un espacio embaldosado con un muro al fondo, que pintado con gran verosimilitud, parece perder la capa pictórica que lo cubre. Una vez más la ficción y la realidad crean otra realidad, diferente.

Como ya hemos comentado antes, Gala era quien definía muchos aspectos ornamentales de las casas y especialmente de Púbol. En ese sentido hay que destacar las sillas. Las que encontramos a ambos lados de la sala están cubiertas por telas blancas atadas con unos lazos laterales, según deseo de Gala y que también se repite en Portlligat. Ahora bien, podemos destacar dos sillas: una es la *Silla de cucharas*, una escultura de bronce obra de Salvador Dalí (111 × 36,5 × 46,5 cm). Incorpora como respaldo una diadema que según Dalí había pertenecido al actor dramático francés François-Joseph Talma (1763-1826), conocido por sus interpretaciones de personajes de Shakespeare, Corneille y Molière y admirado por Napoleón. Este actor fue conocido también por su defensa del uso de vestuario histórico en la actuación y popularizó una capa larga, que siempre llevaba, y que recibe el nombre de

Salvador Dalí. Proyecto para el trono de la sala de los Escudos y la piscina del Castillo de Púbol, *c.* 1970.

Salvador Dalí. *Silla de cucharas.*

Salvador Dalí. Puerta en *trompe-l'œil, c.* 1972.

«talma». Dalí tenia un especial interés por esta diadema por lo que simbolizaba de representación teatral. No podemos olvidar, como visitantes, nuestra condición también de espectadores.

En la parte izquierda de la estancia, reforzando su aire heráldico, hay el trono de Gala, un conjunto destinado a ser el asiento para recibir las visitas especiales. Fue diseñado por Salvador Dalí en 1974 y se conserva un dibujo de la idea inicial (lápiz y bolígrafo sobre cartón, 38,30 × 25,30, *c.* 1970), donde Dalí trabaja a partir de la *Silla de cucharas*. Finalmente, no obstante, la pieza central del montaje acabó siendo la actual silla con brazos antigua coronada por dos grifones que sostienen un escudo donde el artista simula una G grabada; si bien es en el respaldo donde descubrimos una interesante intervención del artista que ha pintado en el círculo central un paisaje al alba, un espacio de profundidades espirituales, donde se proyecta la espalda del que la utiliza, una ventana abierta a un lugar indeterminado, idílico, como la Citera a la que se dirigen los personajes de Jean Antoine Watteau en el óleo *Pelegrinaje a la isla de Citera* (1717), una de las obras míticas de la historia del arte según Dalí. El trono propiamente dicho, situado sobre un entarimado de dos peldaños, está flanqueado por dos leonas de madera, que según el artista eran de origen provenzal, en actitud defensiva, a las que añadió unos estribos de montar. Una de ellas guarda la corona que hizo con tenedores entrelazados y bañados en oro. El sitial está enmarcado por una estructura de cortinajes azules a manera de pequeño dosel, decorado con dos columnas doradas y coronado por el escudo del Marqués de Dalí y de Púbol. Para el ventanal con banco festejador, Dalí había imaginado una decoración con un cortinaje azul estampado con flores de lis amarillas. El mismo patrón se repetía en la decoración de los batientes (collage, guache y lápiz sobre papel, 35 × 46,70 cm, *c.* 1970).

Salvador Dalí. Diseño sobre una fotografía para la decoración del ventanal con banco festejador y el techo de la sala de los Escudos, *c.* 1970.

El trono de Gala, con pintura de Dalí.

Sin título.
Techo de la sala
de los Escudos, c. 1971
Óleo sobre tela
(1.217 × 625 cm)
Castillo Gala Dalí de Púbol
Sala de los Escudos

El taller del pintor durante los años 1969 y 1973 está dedicado fundamentalmente a la ejecución de distintos proyectos interioristas: el techo para el Palacete Albéniz de Barcelona (*c.* 1969); el techo de la sala Palacio del Viento del Teatro-Museo que se inaugurará cuatro años más tarde (1970-1973) y la pintura que decora el techo de la sala de los Escudos del castillo de Púbol. Con la ayuda del pintor escenógrafo Isidor Bea, Dalí pintó seis telas que cubren toda la bóveda de la sala.

Según declaraciones del maestro a la revista *Vogue* [32], Gala realizó una lista de peticiones para su castillo, donde incluyó la realización de «un techo de 15 metros representando, en el cielo mediterráneo, un agujero nocturno del que caerán los tesoros surrealistas» [33]. De esta forma Dalí obsequiaba en un acto de amor a su esposa: «Me he contentado con decorar sus techos para que, al levantar los ojos, me encuentre siempre en su cielo» [34].

El techo que Dalí realiza para Gala en Púbol es una alusión al espacio fortificado en el que nos encontramos. Destaca el conjunto de almenas que rodean la composición y que ensalzan el efecto de un espacio amurallado. Por encima de estos, se nos abre un cielo amarillento en el que se distingue una bandada de golondrinas que dirigen su vuelo, en espiral, hacia el centro de la composición. Aquí,

en medio de un fantasioso artesonado dorado de molduras clásicas, un cielo nocturno muestra varias figuras acompañadas por instrumentos y caballos blancos. La decoración se completa con seis arcos que han sido decorados con franjas en forma de espina de pescado, de color azul celeste. Dalí expresa aquí su admiración por el pintor Andrea Mantegna y la *Camera picta, Camera degli sposi* (1465-1474), que el artista italiano pintó para la estancia privada de Ludovico Gonzaga en el Palacio Ducal de Mantua.

Se conserva un proyecto preparatorio para este techo de la sala de los Escudos (ver p. 37) donde Dalí incluyó una figura femenina. Esta sirve al artista para realizar el retrato de Gala situado en el dintel de la puerta de acceso a la sala siguiente (óleo sobre plancha de metal, 189 × 172 cm, *c.* 1970). Gala, con el bastón en la mano, es, como dama del castillo, símbolo de autoridad y confiere en este espacio un aire de solemnidad.

[32] *Cit. supra.,* n. 1.

[33] *Cit. supra.,* n. 1, p. 822.

[34] *Cit. supra.,* n. 20, p. 694.

LA SALA DEL PIANO

Para acceder a la sala del Piano, dejamos atrás la figura de Gala, que nos recuerda que estamos accediendo a las estancias privadas de la dama del castillo, espacio donde quedan al descubierto los cabios del tejado, ya que se había hundido el techo del primer piso y se optó por no reconstruirlo. Dalí aprovecha este «accidente» para diseñar un interior que de sensación de amplitud y luminosidad, de grandeza, que se fortalece con la portalada de madera de estilo castellano, enmarcada por una estructura de yeso de patrón clásico con frontón y dos columnas. En el centro del tímpano hay la G de Gala en relieve, que nos conduce hacia el espacio del sofá. Este es un espacio que, al entrar, nos impresiona. Una vez más, Dalí sabe hacer uso de la ruina para crear un efecto diferente. El piano y los tapices definen la estancia. Se trata de un lugar para descansar, escuchar música o hacer tertulia. Podemos hablar de dos zonas: una más barroca que corresponde al área del piano y, en el extremo opuesto, la más daliniana.

Destaca, en la sala, el piano de cola fabricado por la casa Carl Bechstein. Bechstein es conocido como uno de los mejores fabricantes de pianos del siglo XIX, pianos especiales decorados con oro y pintados a mano, encargados por diseñadores de interior para palacios reales y mansiones aristocráticas y elegantes.

Los tapices dan una cierta calidez a la estancia. Encontramos dos tapices

Salvador Dalí. *San Jorge y el dragón*, 1973.

y un telón de teatro de grandes dimensiones. En el primero de los tapices, situado al lado del piano, está representada una escena de la Guerra de Troya, concretamente, la muerte de Héctor, el príncipe troyano, por el héroe griego Aquiles. Está firmada por el maestro Daniel Eggermans de Bruselas y está datada del siglo XVII. Dicho artesano trabajaba a partir de la obra original del pintor Peter Paulus Rubens, que realizó una serie dedicada a este episodio mítico-histórico de la Grecia antigua, en cuyo entorno floreció un inmenso ciclo de leyendas y numerosos poemas (*ciclo troyano*). Dentro del legendario ciclo griego, varias obras (los *Cantos Ciprios*, la *Pequeña Ilíada*, la *Toma de Troya*), de las que han pervivido únicamente unos resúmenes escritos en el siglo V dC por el gramático Proclo, proporcionan abundantes datos sobre esta hazaña. Según dichas obras, la causa de la guerra fue voluntad de Zeus, que quería aligerar la tierra de la población excesiva que la habitaba. Homero en su *Ilíada* canta las hazañas de Aquiles, el héroe perfecto, el más valiente, el más fuerte y rápido de todos los guerreros aqueos y troyanos. Participa en la guerra de Troya y su acción es fundamental en la contienda. Otros tapices de

este artesano se pueden encontrar en el Palacio Ducal de Vila Viçosa en Portugal o en el Museo Boijmans van Beuningen de Rotterdam. Según testimonio de Antoni Pitxot, mientras se enterraba a Gala, Dalí contemplaba el tapiz, junto con él, sentados ambos en el sofá situado delante del piano, y le comparaba hechos representados en el tapiz con los de su vida. Destacaba la presencia de Héctor, herido por su propio destino, así como la presencia de unas grecas decorativas. Le gustaba también contemplar la batalla de gallos que había representada en la parte inferior, así como la simetría que se conseguía con la posición de los dos luchadores.

En este mismo espacio del piano, en la pared opuesta, podemos contemplar el otro tapiz, colocado por encima del sofá de terciopelo rojizo. Procedente de los talleres de la ciudad de Aubusson, se trata de una pieza datada del siglo XVII, en el que se representa una escena de caza con un cazador que sostiene un arco con flecha y un perro. Por las marcas que presenta, podemos deducir que seguramente era más grande en origen. También es interesante saber que su primer destino daliniano fue la casa de Portlligat, donde hacía las funciones de alfombra en la sala Oval, recordemos, el espacio destinado a Gala.

Si seguimos admirando los distintos elementos de la sala, justo antes de acceder a la habitación azul de Gala a través de una puerta con cortinajes rojos, vale la pena pararse ante un caballete de madera dorada profusamente decorada.

En la parte superior, hay un escudo formado por una corona, y dos dragones que enmarcan la letra S. Apoyada, encontramos una reproducción de la litografía *San Jorge y el dragón* (56,7 × 76,1 cm), que el pintor dedica a Gala en 1973. La original se encuentra expuesta en la sala Las «Galas» de Gala. Este es, de hecho, el lugar donde quedaban depositados los dibujos que Dalí regalaba a Gala en alguna de sus visitas. Curiosamente, también en Portlligat, en la biblioteca, encontramos un caballete dorado. Este caballete hace juego con los candelabros estilo Luis XV de madera dorada de cuatro brazos, adornados con motivos vegetales, que encontramos en las paredes.

Ya hemos dicho que Dalí realizó diversos proyectos para decorar el castillo. Retrocedemos y nos dirigimos de nuevo, pues, hacia la zona más daliniana del espacio.

Aquí encontramos el telón de teatro, situado por sobre de los sofás de terciopelo rojizo y flequillos dorados. Sin duda el interés de esta pieza es por la intervención de Salvador Dalí. En ella se representa el pasaje bíblico del rey Salomón en el momento de recibir la visita de la reina de Saba. En el centro de la composición, el artista pintó una jirafa en llamas (óleo y temple sobre tela, 320 × 402,5 cm, *c.* 1970) elemento iconográfico presente en la obra del pintor, sobre todo la de los años treinta. En este telón está la siguiente inscripción: «Ramon Batlle. Escenógrafo. Barcelona» (recordemos que este escenógrafo había trabajado para el Gran Teatre del Liceu de Barcelona). Nuevamente las conexiones con el Teatro-Museo se muestran patentes; la presencia del telón de fondo de un teatro, que remarca el carácter marcadamente escenográfico de la construcción.

Telón teatral que representa al rey Salomón y a la reina de Saba, y en cuyo centro Dalí pintó una jirafa en llamas, *c.* 1970.

Los diseños de Dalí para esta zona son interesantes, sobre todo los que realiza para la peculiar mesita-claraboya. Ésta es de obra, con la parte superior de cristal, de manera que nos permite ver la sala de abajo. Tiene incrustadas cuatro patas de avestruz —que anteriormente, en la casa de Portlligat, habían servido de candelabros—, dos son disecadas y las otras dos de yeso. En los laterales de la mesa, hay enmarcadas las réplicas de cuatro pergaminos, cuyos originales se pueden ver expuestos en la sala Las «Galas» de Gala. Esta claraboya, en este caso, no se utiliza para dotar de luz natural a la estancia, sino para mostrarnos el caballo que «habita y vigila» la parte inferior del castillo.

De los pergaminos que decoran la mesa, el más interesante es el que se podría considerar el escudo heráldico del castillo de Gala (acuarela y gouache sobre pergamino, 43,5 × 66,5 cm, c. 1971).

Está inspirado en la parte superior del escudo de piedra de la puerta principal y representa medio cuerpo de una leona que se alza desde el interior de una corona y con uno de los brazos levanta un ramo de flores rojas. La versión daliniana substituyó el casco de guerrero del escudo de la puerta por una corona de perlas (o borlas) y añadió a la leona una G en medio del cuerpo. Bajo el dibujo, dentro de un recuadro, figura el título: *Púbol de Gala*. La obra está firmada «Petit Daris», uno de los nombres afectuosos con los que Gala llamaba a Dalí. En un lateral del dibujo hay unas anotaciones, hechas a lápiz, que van dirigidas a «petite olivone» (otro de los apelativos cariñosos que utilizaba Dalí para dirigirse a Gala [35]) y le indican cómo colocar el pergamino detrás de los cristales de la mesa. Estas notas fueron firmadas «Salvador Dalí de Figueres».

Salvador Dalí. Proyecto para la mesita-claraboya, c. 1970.

[35] En su autobiografía *La Vida Secreta de Salvador Dalí*, el artista se refiere a los diferentes nombres que usa para dirigir-se a Gala: «Llamo a mi esposa: *Gala, Galuchka, Gradiva* (porque ha sido mi Gradiva); *Oliva* (por el óvalo de su rostro y el color de su piel); *Oliveta*, diminutivo catalán de oliva (aceituna); y sus delirantes derivados: *Oliueta, Oriueta, Buribeta, Buriueteta, Suliueta, Solibubuleta, Oliburibuleta, Ciueta, Liueta*. También la llamo *Lionette*, porque ruge, cuando se enoja, como el león de la Metro-Goldwyn-Mayer; *Ardilla, Tapir, Pequeño Negus* (porque se parece a un animado animalito selvático); *Abeja* (porque descubre y me trae todas las esencias que se convierten en la miel de mi pensamiento en la atareada colmena de mi cerebro). Me trajo el raro libro de magia que debía nutrir mi magia, el documento histórico que probaba irrefutablemente mi tesis cuando estaba en proceso de elaboración, la imagen paranoica que mi subconsciente deseaba, la fotografía de una pintura desconocida destinada a revelar un nuevo enigma estético, el consejo que iba a salvar del romanticismo una de mis imágenes demasiado subjetivas. También llamo a Gala *Noisette Poilue-Avellana Vellosa* (a causa del finísimo vello que cubre la avellana de sus mejillas); y también «campana de piel» (porque lee para mí en voz alta durante las largas sesiones de mi pintura, produciendo un murmullo como de campana de piel, gracias al cual aprendo todas las cosas que, sin ella, no llegaría a saber nunca)». Cit. supra., n. 5, p. 664.

Un segundo pergamino representa una pared de obra vista en forma de flor de lis que deja entrever un olivo con sus raíces (acuarela sobre pergamino, 39 × 55 cm, *c.* 1971). La flor de lis es un elemento emblemático para Dalí que se halla en varios espacios del castillo. Esta acuarela podría ser un primer esbozo para la decoración del jardín, concretamente para el banco que hay actualmente al lado de la piscina, si bien el diseño final es muy distinto.

El tercer pergamino, titulado *La corona de leche* (gouache sobre pergamino, 43 × 48,5 cm, 1971) y firmado «Salvador Dalí, 1971» está relacionado con los estudios sobre la ley de la gravedad y los descubrimientos microscópicos que tanto fascinaron al artista y que incorporó en muchas de sus obras. La idea de la corona formada por gotas de leche proviene de la imagen, obra del fotógrafo y científico norteamericano Harold Eugene Edgerton el 1936. Se trata de una fotografía llamada estroboscópica (realizada a una velocidad muy lenta) del impacto de una gota de leche sobre la superficie, cuyo resultado es la formación de una corona de salpicaduras. Dalí la utiliza en 1939 en la invitación para la exposición en la Julien Levy Gallery de Nueva York y en más de una ocasión se sirve de esa idea para la composición de su firma.

Finalmente, en el último pergamino, *Golondrina del cielo*, es la representación de una golondrina que siguiendo la huella de una grieta emerge de un fondo azul celeste (acuarela y gouache sobre pergamino, 44,5 × 65,5 cm, 1971).

Asimismo, en esta sala, en el rincón al lado del sofá, nos llama la atención la original lámpara, diseñada por Dalí, que tiene en el centro una placa metálica con motivos eróticos en relieve que, de lejos, parecen una decoración floral. El pintor insiere elementos decorativos a base de minerales o imitaciones de minerales, a través de los cuales se filtra la luz. Una vez más Dalí se recrea en este juego real-falso. Podemos contextualizar esta lámpara, tanto la pantalla de yeso como el pie, con las creaciones de Dalí de los años 70.

Antes de cruzar la portalada que comunica la sala del piano con la biblioteca, no podemos dejar de admirar las dos pinturas de Dalí que decoran este espacio. La de más gran formato del castillo, titulada *Camino de Púbol* (óleo sobre tela, 160 × 190 cm), es también la obra de Dalí donde el paisaje de Púbol tiene un protagonismo más destacado. Pintada hacia 1973 es una alegoría a Gala, una Gala ascendente, que aparece en la parte superior izquierda de la tela, con una larga túnica blanca, enmarcada en un estandarte, tal como aparecía también en otro óleo, *Cristóbal Colón* del año 1958.

El caballo visto a través de la mesita-claraboya.

Salvador Dalí. Radiores tapa-radiadores en *trompe l'œil, c.* 1972 y *Camino de Púbol, c.* 1973.

Salvador Dalí. Lámpara.

Cráneo de cocodrilo.

Camino de Púbol, *c.* 1973
Óleo sobre tela (160 × 190 cm)
Castillo Gala Dalí de Púbol
Sala del Piano

En este óleo, se nos hace
visible, por la magia del arte,
todo el trayecto desde el inicio
del camino, con la primera
presencia de una Gala de
espaldas al espectador vestida
con ropa de niño marinero
talcomo aparecen Gala y
el mismo Dalí a menudo
en su propia iconografía. El
recorrido del camino, estrecho
y tortuoso, es bordeado por
amapolas muy presentes,
signo de primavera e ilusión.
En el escenario que conduce
hasta el castillo de Púbol
y suiglesia, se nos hace muy
evidente el número mágico
siete. Todas las cosas
importantes son siete, repetía
Dalí. Siete chopos, o mejor
púbols, que conforman el
nombre del pueblo. También
intervienen en el largo
camino un campesino y un
caballo blanco. En la parte
derecha, se nos presenta
una escena con más carga
mitológica: un elegante
caballo blanco con un
caballero, al que hace
donación de una especie
de tributo especial en forma
de vara un ser angelical,
posiblemente Mercurio, el
mensajero de los dioses. Todo
culmina, en la parte superior
de la tela, con la glorificación
de la imagen de Gala, entre
tonos resplandecientes de
carmín, instalada en sus
orígenes de espíritu oriental,
con cúpulas bizantinas que
lo acreditan. Tiene algo de
espíritu en elevación, como el
del *Entierro del Conde de Orgaz*
de El Greco, que tanto
impresionó al Dalí joven en
su primera visita a Toledo.

La segunda obra a la que hacíamos referencia es el *trompe-l'œil* que se encuentra al lado de *Camino de Púbol.* Como que a Gala no le gustaban los radiadores, en la mayoría de lugares los hizo tapar con unas mamparas de mimbre. Entre los encargos que Gala hizo a Dalí para su castillo, recogidos en el número especial de la revista *Vogue*, le pedía unos «biombos pintados con técnica de ilusión óptica representando radiadores de calefacción para ocultar éstos.»[36]. Dalí se ofreció para tapar los dos de esta habitación, empotrados en la pared, y para disimular la puerta de plancha metálica que los tapaba pintó otros radiadores (óleo sobre plancha de metal, 229 × 105 cm, *c.* 1972). La pintura esconde y, a su vez, representa la realidad. Nuevamente, si bien en otro nivel, podemos hablar de la relación Dalí-Mantegna. Es el radiador una curiosa representación de eso más áspero y cotidiano, que no se quiere ocultar a la realidad. Si un radiador se quiere tapar, ha de ser de manera que se pinte el mismo objeto —radiador— con el máximo realismo a fin de dar «la ilusión completa de la realidad»[37] en palabras de Raymond Roussel, por quien Dalí sentía gran admiración. Se podría establecer un triángulo estético-filosófico entre Mantegna, Roussel y Dalí.

[36] *Cit. Supra.*, n. 1, p. 822.

[37] Traducido de: ROUSSEL, Raymond, *Impressions d'Afrique*, Jean-Jacques Pauvert, París, 1963, p. 32.

Púbol.

LA HABITACIÓN DE GALA

En la habitación de Gala que, posteriormente, a la muerte de su esposa, ocupó el pintor, encontramos una suntuosa cama con baldaquín, protegida por una balaustrada de madera blanca y dorada, con el pasamano recubierto de un terciopelo rojo.

El diseño del espacio está inspirado en una habitación de un castillo del Loira, el château de Maintenon, un elegante castillo, donde se mezclan los estilos medieval y renacentista, que conserva la torre cuadrada del siglo XII. Es conocido porque había pertenecido a Françoise de Aubigné, futura dama de Maintenon, favorita primero y después esposa secreta de Luis XIV. A diferencia de la habitación del castillo de Madame de Maintenon, aquí el color predominante es el azul: en las cortinas, en los cubrecamas, en el tapizado de las dos butacas (o sillas de brazos) y en la tela que cubre la mesa camilla.

Virgen Hodiguitria, con marco de siemprevivas, s. XVIII.

Gala y Dalí compartieron la habitación, pero en tiempos diferentes. Recordemos que al morir Gala en 1982, Dalí, que vivía en Portlligat, se trasladó a Púbol, donde continuó pintando hasta 1983, en un espacio del comedor del castillo. Son años, no obstante, en que el malestar físico y el dolor por la pérdida de Gala se hacen manifiestos. El estado de salud del pintor se va deteriorando, y las circunstancias no le ayudan.

El 30 de agosto de 1984, la habitación se incendia. Se trata de un incendio provocado involuntariamente debido a la insistencia del pintor al llamar a las enfermeras que le cuidan. Las avisa con un timbre instalado en su cama, un sencillo aparato conocido popularmente con el nombre de «pera», que, al no estar concebido para ser constantemente presionado, provoca un cortocircuito. El fuego destruye toda la habitación y Dalí es rescatado con graves quemaduras. Finalmente, un especialista determina que sea ingresado en un centro, a pesar de que el pintor se niega. Duerme una noche más en el castillo, en esta ocasión, y por primera vez, en la habitación de los invitados y, finalmente, acepta ser ingresado en la Clínica del Pilar de Barcelona; si bien pone como condición poder visitar antes su Teatro-Museo de Figueres. En plena noche, en silla de ruedas, acompañado de Antoni Pitxot, hace esta visita emocional, ritual, a su obra, su última gran creación.

Dalí ordenó enseguida la rehabilitación del dormitorio, ya que el fuego había hecho desaparecer algunas piezas decorativas que no se pudieron restituir. Un tocador profusamente trabajado que podemos admirar gracias a las imágenes captadas por el fotógrafo Marc Lacroix. También un regalo especial de Dalí a Gala: el delicado ángel con melena dorada —un dibujo de pequeñas dimensiones sobre papel, ligeramente coloreado—, así como un icono de origen ruso, en marco de plata. La rehabilitación comportó recuperar los elementos metálicos. El resto de mobiliario también quedó deteriorado y afectado por el humo, pero se pudo restaurar un espejo de origen portugués, de estilo gótico florido manuelí, y un candelabro también de plata. Dicho candelabro, formado por diez candeleros con motivos vegetales y tres caballos alados en la base, lleva la identificación de un orfebre que trabajó en Birmingham en 1875. A su vez, se recolocó uno de los iconos de la

La habitación de Gala.

colección de Gala; se trata de una virgen Hodiguitria de hacia finales del siglo XVIII, con un marco hecho de siemprevivas, presentes también en el techo. Esta planta, que solemos encontrar en suelos secos y soleados, se recogía a finales de primavera en el olivar de Portlligat. Es costumbre secarla ya que el color amarillo reluciente de sus pétalos permanece inalterable durante mucho tiempo. La idea de prolongarse en el tiempo, la inmortalidad, es uno de los grandes intereses del pintor y de Gala.

Espejo de origen portugués.

EL CUARTO DE BAÑO Y EL TOCADOR

A través de una pequeña puerta, situada a un lado de la cama, accedemos a la dependencia que antiguamente había sido la cocina del castillo. Gala decidió transformarla en un cuarto de baño con tocador. Desde muy joven, había tenido problemas de salud y estaba siempre pendiente de su apariencia física —para ella era importante la imagen que ofrecía—, de la fragilidad del cuerpo, de la belleza efímera, es decir, del personaje que ella quería transmitir.

Aunque debemos la peculiaridad de este espacio a Dalí, Gala quiso específicamente ocultar los fogones con unas pequeñas cortinas, siguiendo el estilo de su tocador de Portlligat. Encima, podemos ver elementos propios de un tocador como las cajas para guardar las joyas, un especial pote de cerámica, un plato que forma parte de una vajilla diseñada por el pintor, un lazo con el que Gala se adornaba el pelo y un collage en forma de abanico con una fotografía donde aparecen Dalí, Gala y el modelo y torero francés Jacques Brunet André, conocido como «Jaquito». En la base del cartón reza la siguiente inscripción:

> « *Sur cet or japonais*
> *expés pour aquarelle*
> *Aquarelle que je te peindres*
> *quesque doncs ne feire pas pour quil*
> *soit contente son olivone*
> *Enbase le NAI petit Daris* (sic) »

(En este oro japonés / expresamente para acuarela / Acuarela que te pinto / que no haría yo para que ella / mi pequeña *olivone* estuviera contenta / *Enbase le NAI petit Daris*), que acaba con la firma que utilizaba a menudo Dalí cuando escribía a Gala.

Salvador Dalí. Proyecto para la sala del Piano y baño de Gala, *c.* 1969.

Destaca también, en el tocador, una botella de agua de colonia *Impériale* de la casa Guerlain, de cristal con decoraciones doradas; en la parte inferior hay representadas abejas en relieve, en la superior, un entramado inspirado en las baldosas que coronan la columna Vendôme de París. Hay también una copia en yeso del rostro de la escultura *Éxtasis de Santa Teresa* de Gian Lorenzo Bernini y un jarrón con una rosa, que tenía que ser siempre, según indicación de Gala, del jardín del castillo. Una de las constantes entre los recursos iconográficos de la decoración del castillo es la presencia reiterada de la G: en los escudos, en la sala del Piano, en el baño, a través de ellos se nos presenta la destinataria de la obra, Gala, hilo conductor que da unidad y sentido al conjunto.

Para esta estancia Dalí diseñó dos campanas, una para la chimenea y otra para el baño, que queda, una vez más, escondida. Ambas insinúan la G de Gala y están decoradas con azulejos procedentes de la Cartuja de Sevilla, con escenas de los trabajos de Hércules, regalo de Ignacio de Medina, duque de Medinaceli, conde de Empúries, y, por lo tanto, como afirmaba Dalí, «mi señor natural». En la campana de la chimenea, podemos ver un banco con una de las maletas que utilizaba Gala. Por lo que a la bañera se refiere, destaca el frontal, decorado con azulejos de Delft, que representan escenas de juegos infantiles. A Dalí, le gustaba explicar que en estas paredes quedaban representados, a través de las cerámicas de Sevilla y de Delft, sus dos grandes maestros admirados de la pintura, Velázquez y Vermeer de Delft. Los grifos del lavabo y de la bañera están pintados en tonos dorados y diseñados a partir del lazo de Möbius[38], si bien no son de oro macizo como Dalí había declarado en varias ocasiones.

Un elemento a considerar antes de dejar la estancia es el armario encastado en la pared; en él se expone, protegida de la luz natural, la camisa de marinero que Gala viste en obras como *Camino de Púbol* de la sala del Piano.

[38] Lazo o banda de Möbius: superficie no orientable, es decir, que tiene una sola cara. Ideada por A. F. Möbius, se puede construir sujetando una cinta plana, torciendo 180º uno de los extremos y juntándolo, seguidamente, con el otro extremo.

Grifos dorados diseñados a partir del lazo de Möbius y azulejos procedentes de Sevilla.

El tocador de Gala y detalles.

LA BIBLIOTECA

Atravesamos nuevamente la sala del piano y, a través de la apertura de la gran portalada, accedemos a una sala de estar que en tiempo de Gala y Dalí había hecho las funciones de biblioteca. Si en la habitación de Gala el azul es el color omnipresente, aquí el amarillo tiene un protagonismo absoluto, representado por el sofá rinconero. Es un amarillo de Nápoles; cada color tenía para Dalí una especial descripción, como el violeta de Parma o el azul real.

La música y los libros eran, a pesar de todo, los protagonistas principales del espacio. En la sala, podemos ver un aparato de música, cuyo sonido llegaba a la sala del piano, al comedor y a la misma biblioteca.

Además, en la habitación hay dos baúles. En el grande, posiblemente un arcón de novia catalán de la zona de Tarragona, hay los discos y los casetes, el tablero de ajedrez, una linterna mágica —reminiscencia de la atención que siempre despertó en Dalí, desde muy pequeño, todo el mundo relacionado con las ilusiones ópticas—, y una cámara de fotos. También dos pies dorados, correspondientes a un proyecto frustrado del artista destinado a las sillas de respaldo alto. Si nos fijamos en el interior del baúl, podemos saber parte de la música que Gala y sus invitados escuchaban mientras estaban en el castillo. Se trata básicamente de obra del compositor alemán Richard Wagner, músico también admirado por el pintor. Entre los títulos no faltan *Tristán e Isolda*, *Lohengrin*, y la *Tetralogía*, el conjunto de cuatro óperas basadas en las leyendas escandinavas que dieron origen al Canto de los Nibelungos (titulado conjuntamente *El anillo de los Nibelungos*): *El oro del Rin*, *La Valquiria*, *Siegfried* y *El anochecer de los dioses*. A destacar también obras de

Chaikovski, Stravinski, Händel y tres discos pequeños con poemas de Paul Éluard, Federico García Lorca y Arthur Rimbaud, en un estuche de cartón *Eluard dit par Gérard Philipe*.

El segundo, que recuerda los baúles de marinero, está profusamente decorado. Contiene fotografías antiguas de Gala, juegos de sobremesa —a los cuales era muy aficionada y, de hecho, al juego en general—, invitaciones al castillo y un elefante de peluche (recordemos que los peluches también están muy presentes en la sala Oval de la casa de Portlligat).

Gala era una persona apasionada por la lectura y solía a leer en voz alta a Dalí. En la biblioteca de Gala y de Dalí, actualmente ubicada en el Centro de Estudios Dalinianos de la Fundació Gala-Salvador Dalí, encon-

Baúl con decoraciones pictóricas.

tramos grandes maestros de la literatura rusa, básicamente del siglo XIX, como: Aleksandr Aleksándrovich Blok (1880-1921); Ivan Alekséievich Bunin (1870-1953); Fiodor Mijáilovich Dostoievski (1821-1881); Konstantin Aleksándrovich Fedin (1892-1977); Nikolai Vasílievich Gogol (1809-1852); Maxim Gorki (1868-1936); Mijail Yúrievich Lérmontov (1814-1841); Alexandr Seregéyevich Pushkin (1799-1837); Lev Nikoláievich Tolstoi (1828-1910); Anton Pavlovich Chejov (1860-1904) etc. Hay también un volumen de las memorias de una de sus amigas de infancia, Anastasia Tsvietáieva, que escribe esta dedicatoria a Gala: «A mi querida Galuchka, como te llamaba Marina, a la amiga de la adolescencia, el libro de nuestro joven y viejo Moscú. Con tierno afecto, Asia Tsvietáieva (en el año de mi 80 aniversario). 6-12-74[39]». Éste volumen nos remite al diario autobiográfico escrito por Gala y publicado póstumamente como, *La vida secreta: diario inédito*, en el cual nos da información de sus recuerdos íntimos y sus vivencias personales, sobre su infancia y adolescencia en Rusia, con un tono lírico y visionario. Es importante saber que estos manuscritos, junto con algunos textos de Dalí, fueron hallados en el castillo de Púbol.

[39] Traducido de: TSVIETÁIEVA, Anastasia, Воспоминания [Memorias], Sovetsky Pisatel, Moscú, 1974 (Figueres, Centre d'Estudis Dalinians, Fundació Gala-Salvador Dalí).

Objetos personales de Gala y Dalí, guardados en los baúles.

Gala era también muy aficionada al ajedrez. Había jugado con el pintor y también con el artista Marcel Duchamp, quien dejó la pintura para dedicarse a este *arte*. Probablemente Marcel Duchamp es el único amigo de la época surrealista con quien Dalí mantiene siempre buenas relaciones. Ambos coinciden en diversas exposiciones de los surrealistas, con los que Duchamp —sin ser exactamente un miembro del grupo— mantiene una distancia cómplice. Después de la guerra, una vez Dalí ha roto con los antiguos compañeros, entre los dos hombres se mantiene el hilo de la relación, quizás porque éste es más fuerte que la mera vinculación personal. Aparte de las afinidades artísticas, comparten geografías: París, Nueva York, pero también Arcachon y Cadaqués, población ésta en la que Duchamp pasa temporadas hasta el final de su vida, y donde él y Dalí mantienen vivo el contacto[40]. Fruto de la amistad y la colaboración es el juego de ajedrez diseñado por Dalí, que se encuentra en medio de la estancia, al lado del sofá, sobre una mesita. La plaqueta que acompaña la caja indica que fue «creado por Salvador Dalí en honor de Marcel Duchamp para la Fundación Americana de Ajedrez» y producido por el joyero F. J. Cooper Inc. de Filadelfia.

[40] AGUER, Montse; FANÉS, Fèlix. *Salvador Dalí. Álbum de família.* Fundació Gala-Salvador Dalí, Fundació "la Caixa", Figueres, Barcelona, 1998, p. 32-33.

Juego de ajedrez diseñado por Dalí, en homenaje a Marcel Duchamp.

Dalí presentó este juego en una conferencia de prensa en Nueva York en febrero de 1971 y aseguró que el coste del juego entero, con 32 figuras plateadas, sería de 4.000 dólares. Douglas Cooper, el productor, anunciaba el juego de la siguiente manera:

«Apostamos que nunca antes has visto un juego de ajedrez como este. Las piezas están hechas de plata de ley maciza a partir de los dedos de Salvador Dalí. Dalí creó el conjunto en honor de su difunto amigo, Marcel Duchamp, y en homenaje suyo lo donó a la Fundación Americana de Ajedrez. F.J. Cooper fue el encargado de producir un nombre limitado de juegos.

«Tanto el rey como la reina (el rey es el pulgar de Dalí, la reina, el de la Sra. Dalí) llevan un diente en la corona. El Sr. Cooper, en un momento de curiosidad sin límites, pidió a Dalí que por qué un diente. Dalí respondió de forma brillante y inquirió al Sr. Cooper: ¿Por qué no un diente? (El Sr. Cooper continuó con otras cosas).

«Por lo que se refiere a la razón por la que Dalí creó un juego a partir de sus propios dedos, dijo, "Yo tenía un concepto preciso y simbólico todavía. En el ajedrez, como en otras formas de la alquimia humana, siempre hay el creador, sobre todo, el artista como creador. Eso es lo que yo quería representar: la mano del artista, el creador eterno. ¿Qué mejor manera de expresar esta visión que esculpiendo a partir de mi propia mano, de mis propios dedos?"

"Cada pieza está firmada por Dalí. Cada conjunto está numerado (Dalí posee el número 1) y va en su propia caja de roble. Cuatro mil dólares. (...)"

«P.D. Un coleccionista que conocemos compró uno de los conjuntos y entregó a amigos piezas diferentes. Ahora, treinta-y-dos personas tienen una escultura firmada por Dalí. No es una mala idea» [41].

Las figuras, pues, están inspiradas en los dedos de la mano del artista, excepto las torres que tuvieron como modelo el salero del Hotel Saint Regis de Nueva York, donde Dalí pasaba largas temporadas sobre todo en invierno.

Esta sala es una de las más abarrotadas por lo que al número de obras se refiere. Las que podemos ver aquí expuestas, a excepción del busto de Gala y la pieza de cerámica pintada, son facsímiles de las originales que están expuestas actualmente en la sala de Las «Galas» de Gala. La obra de dimensiones más reducidas es el trébol de cuatro hojas secado, detrás del cual Dalí escribió un elocuente «Pour Gala». Gala era supersticiosa y creía en la suerte y el azar, y tenía una verdadera fijación para encontrar en el campo, en sus largos paseos que tanto le gustaban, los raros tréboles de cuatro hojas, que conservaba entre las páginas de sus libros más queridos. Gracias a una fotografía de 1971, que podemos ver la habitación de Gala, sabemos que esta pieza estaba antes encima de su tocador. Debajo de ella un dibujo firmado por Dalí representa una golondrina, pájaro que gustaba mucho a Gala y que encontramos en distintos espacios del castillo (tinta y lápiz sobre papel, 16 × 15 cm, 1957).

En otra pared hay dos de los grabados más conocidos de Dalí: *La gran plaza de Vosges, en tiempo de Luis XIII* (grabado al aguafuerte y lavis sobre papel, 56,7 × 76,5 cm, 1958) y, a su izquierda *San Jorge y el dragón* (grabado al aguafuerte sobre papel, 56,8 × 45,5 cm, 1947). De este último hay también reproducciones en la casa de Portlligat y en el Teatro-Museo.

Asimismo, cabe señalar la presencia de la obra *Vista de Púbol* (acuarela, tinta y gouache sobre cartulina, 20 × 56,3 cm, *c.* 1971) con una visión de la iglesia y el castillo de Púbol, también presentes en otras obras de esa época.

[41] Traducido de: Anuncio publicitario de F. J. Cooper Inc., *New Yorker*, Nueva York, 03/04/1971.

Salvador Dalí. *La gran plaza de Vosges, en tiempo de Luis XIII*, 1958.

Salvador Dalí. *Vista de Púbol, c.* 1971.

Esta composición es fruto de la pasión de Dalí por la utilización de manchas accidentales o provocadas intencionadamente. Recordemos en este sentido el film de Dalí *Impressions de la Haute Mongolie*, que tiene la misma intención estructural. En el caso de esta obra, Dalí reinventa entre las sugerentes formas verdosas dos pescadores, uno de ellos dentro de la barca remando, y un cazador.

Colocado encima mismo de esta acuarela encontramos un grabado, *El desierto con su huella* (grabado a la punta seca, pochoir y lápiz sobre papel, 62,6 × 44,9 cm, 1973), que forma parte de la serie *Roi, je t'attends à Babylone*.

Otro grabado *Darío juró que ahorcaría Alejandro...* (grabado a la punta seca sobre papel, 62,8 × 45,3 cm, 1973) de la misma serie se halla dispuesto en la habitación contigua, la de los invitados.

En una repisa, justo al lado de la ventana que da al patio interior, hay una luz modernista —estilo, como sabemos, reivindicado a menudo por Dalí— de Émile Gallé (1846-1904,) artista francés que trabajó el cristal y que es considerado como uno de los representantes más significativos del Art Nouveau francés. La lámpara está adornada también con golondrinas, pájaro muy presente en el castillo, ya que era una de las maneras que Dalí tenía de llamar a Gala cariñosamente y dos reproducciones fotográficas de ella: una de adolescente con un gato entre los brazos en la cual Dalí inscribe «Tête a chateau (sic)». El artista decía que la estructura de la frente de Gala era la misma que la de la *Madona Sixtina* de Rafael y la *Ginevra de'Benci* de Leonardo da Vinci. Reproducciones de dichas obras junto con esta fotografía se encuentran hoy en la Casa Salvador Dalí de Portlligat.

La segunda fotografía, de Marc Lacroix, representa los ojos de Gala que emergen de detrás de las almenas del castillo de Púbol, ojos que seguramente remiten a los de *La Femme visible,* con una mirada que, según decía Dalí citando a Paul Éluard, atraviesa los muros[42].

Completan la decoración de la sala un busto de yeso, obra del escultor Ramon Sabí, que corresponde al rostro de Gala, con una corona que recuerda la idea sobre el círculo de salpicaduras que forma la gota de leche al caer.

Había habido antes la *Venus de Milo con cajones*, que correspondió a la parte de herencia de Cécile Éluard, su hija. A su lado una pieza de cerámica pintada reproduce el busto de una divinidad, con casco alado, una alusión a los mitos de Hermes / Mercurio.

Es esta misma estancia también había habido un pequeño mueble-librería, con no más de cuarenta libros, algunos encuadernados por la misma Gala, gran amante del arte de la bibliofilia. Eran principalmente de literatura rusa y francesa, si bien también compartían el espacio con otros libros que le habían regalado. No faltaban tampoco las obras de Paul Éluard y otros autores contemporáneos que le habían dedicado los libros. Conservaba Dalí diferentes ejemplares, como no podía ser de otra manera, de *La Femme visible,* nuestra Gala. Tanto las estanterías como los libros y algunos objetos personales fueron entregados a Cécile Éluard, hija de Gala y Paul Éluard, en concepto de legítima testamentaria. Ahora hay, en substitución, el gran baúl.

Salvador Dalí. *Sin título. Golondrina*, 1957.

78
[42] La traducción de esta cita difiere de la original escrita por Paul Éluard («visage perceur de murailles»). En este caso, se ha mantenido la forma como Salvador Dalí pronunciaba esta frase del poeta, tal como explicaba Antoni Pitxot.

Fotografías de Gala y lámpara modernista de Émile Gallé.

LA HABITACIÓN ROJA

Atravesamos la pequeña puerta que nos conduce a una habitación donde el color rojo es el predominante. Una herradura, símbolo de la suerte, situada en el umbral de la puerta, nos da la bienvenida a la habitación reservada, en tiempo de Gala, a los invitados del castillo.

De carácter austero, como el resto del castillo, con una bella cama con dosel, encontramos pocos ornamentos: no faltan las siemprevivas en el techo, un grabado del pintor y un cuadro-luz con una imagen del ángel de la guarda. Sin embargo, en la pared opuesta a la cama, encontramos en un estante presentado como vitrina una acumulación (recordemos que Dalí siempre decía que se tenía que actuar por acumulación nunca por selección) de diversos objetos: curiosas botellas de licor, una de ellas una reproducción de la Sagrada Familia de Antoni Gaudí, para Bodegas y Destilerías Agustín Bofill de Badalona, las otras dos un torero y una manola (como las que se encuentran en la zona de la piscina de la casa de Portlligat) de la casa Nogueras Comas de Barcelona. Un auriga de cerámica, una tortuga que es, a la vez, un timbre de mostrador; una pareja de novios; dos ceniceros de porcelana, un plato con avellanas de cerámica y una ardilla de peluche: diversas imágenes religiosas y, por encima de estos objetos, la escultura *Colgador reloj* (1971), realizada con *pate de verre* (pasta de vidrio). Se trata de una rara y antigua técnica cristalera que se remonta a más de 3.500 años. El proceso actual implica la fusión del cristal y la reproducción de formas mediante el método de fundición a la cera perdida, método muy

Salvador Dalí. *Darío juró que ahorcaría Alejandro...*, 1973.

diferente de la técnica tradicional de soplar el cristal[43]. La familia Daum se hizo cargo en 1878 de una cristalería situada en Nancy, Francia, donde desarrollaron este arte y lo hicieron famoso en todo el mundo. Otra generación de Daum asumió el control de la producción y en 1970 decidieron reintroducir el *pâte de verre* e invitaron a una serie de escultores famosos, diseñadores, artistas y artesanos del cristal a diseñar ediciones especiales limitadas para la empresa. Salvador Dalí fue el primero, creando entre otros, el objeto que podemos admirar en esta vitrina-aparador.

---

[43] *Col·lecció completa de les escultures en* pâte de verre *de Salvador Dalí*, Dau al Set, Barcelona, 1981.

La sorprendente combinación de objetos en esta vitrina es seguramente una nueva referencia a Marcel Duchamp, concretamente a la *Boîte en valise* y a los *ready-made*, es decir, al hecho de dar categoría artística a un objeto de acuerdo con el lugar o centro donde está colocado. De las imágenes religiosas, podemos destacar un par de representaciones de la Virgen del Carmen, patrona de los pescadores, un sagrado corazón y una talla de madera policromada que representa a la Inmaculada Concepción del taller El Arte Cristiano de Olot. Esta talla se basa, muy probablemente, en la pintura de Bartolomé Esteban Murillo, *La Inmaculada Concepción «de Aranjuez»*, realizada hacia 1675, y que se puede contemplar en el Museo del Prado de Madrid.

Antes de salir de la sala, es interesante echar un vistazo al álbum de fotografías situado en una mesa que hay delante del balcón, desde el que se ve el jardín. Este álbum es una recopilación, por orden cronológico, de fotos de Gala a través de las cuales podemos hacer un seguimiento de su vida. Podríamos destacar imágenes como las de Gala con sus hermanos, la de ella con su primer marido, el poeta Paul Éluard, y todas en las que aparece con Dalí.

Vitrina de la habitación Roja y detalles.

LAS «GALAS» DE GALA

Desde la habitación de los invitados y mediante un pasillo donde se encuentra la escalera que lleva al piso superior, llegamos al espacio de Las «Galas» de Gala. Esta planta del castillo nunca había tenido una utilidad precisa y, cuando en 1982 se repatriaron las obras que Dalí tenía depositadas en Estados Unidos, se convirtió en un almacén improvisado.

Sus nuevos usos fueron determinados por la Fundació Gala-Salvador Dalí, con una rehabilitación realizada por el equipo dirigido por el arquitecto Oriol Clos. Se creó un nuevo espacio, que tiene un magnífico ventanal con capiteles góticos, diferente del resto del castillo para poder presentar al público las «Galas» de Gala: algunos de los vestidos de alta costura, lucidos por Gala en alguna de sus apariciones públicas. Con la música de fondo de *Tristán e Isolda* de Wagner (la misma que Dalí quería para su Teatro-Museo), el visitante puede contemplar los vestidos de Gala debidamente restaurados y en las mejores condiciones de conservación.

Horst. P. Horst. Fotografía reproducida en el artículo «Madame Salvador Dalí», *Vogue*, New York, 01/06/1943.

Desde 2017, además de los vestidos de Gala, este espacio acoge y presenta algunas obras originales que antes se encontraban en otras estancias del castillo. Por motivos de conservación la Fundación Gala-Salvador Dalí las ha reunido en esta sala acompañadas de un pantalla con fotografías de las habitaciones donde estaban originariamente. Aquí también podemos contemplar un sofá verdoso, en forma de labios, parecido al que podemos admirar en la sala Mae West del Teatro-Museo Dalí de Figueres.

Si avanzamos, a continuación se presenta la primera vitrina destinada a la presentación temporal de obras y piezas de vestir de Salvador Dalí y Gala con la voluntad de dar a conocer las incursiones del artista en el ámbito de la moda y el diseño. Este nuevo uso del espacio, impulsado por la Fundación Gala-Salvador Dalí en el 2018, quiere ofrecer al público la aportación de Dalí en la moda, a través de sus colaboraciones con destacados diseñadores y empresas textiles. La primera exposición temporal que ha acogido este espacio es *Gala, Dalí, Elsa Schiaparelli* en el 2018.

Sala Las «Galas» de Gala.

Vestidos con estampados diseñados por Salvador Dalí.

En la vitrina del fondo, encontramos los vestidos de conocidos diseñadores de moda que Gala lució.

De **Jean Dessés**: vestido de fiesta, largo y entallado en la cintura, con falda de gran vuelo de color rojo. Jean Dessès (1904-1970), fue un destacado diseñador de moda en la década de los 40, 50 y 60. Sus diseños reflejan las influencias de sus viajes. Se especializó en la creación de vestidos de noche drapeados en gasa y muselina, basado en los primeros vestidos griegos y egipcios. Esta creación está confeccionada con seda y data de 1949. Gala luce este vestido en el documental de Jean-Christophe Averty *Autoportrait mou de Salvador Dalí* (1966). [1]

De **Christian Dior**: se exponen cuatro conjuntos.

Un conjunto de blusa y falda hecho de lamé en los años 60. La blusa es de manga larga con solapas y botones. La falda es larga hasta los pies. El forro de tafetán de seda.

Un vestido de fiesta de forma trapezoide, sin mangas y de cuello redondo. Tiene una pieza sobre el cuello similar a una solapa marinera. Realizado en los años 60 con otomano de seda y forrado con organdí de seda. Presenta pedrería e hilos metálicos. [2]

Un conjunto de tres piezas: viso, falda y blusa. Viso largo con la cintura marcada, con falda de gran vuelo. La blusa es de manga larga con cuello

[1]   [2]   [3]

camisero. Está realizado con gasa de seda estampada y tafetán de seda de tonos rosados-dorados. Lo datamos de los años 50. **[3]**

Y un vestido corto, por debajo de la rodilla, con la cintura marcada por una pieza ancha. Está confeccionado con tafetán de seda estampada de diversos colores e hilos de lamé dorados. También la podemos situar hacia los años 60. Christian Dior (1905-1957), especialmente conocido por el denominado «new look de 1947», un estilo de costura para mujer que propone hombros torneados, cintura fina y falda. Representa la elegancia clásica y el regreso a una imagen femenina, y representó la recuperación del lujo y el exceso después de la depresión de la Segunda Guerra Mundial.

De **Pierre Cardin**: encontramos dos conjuntos de dos piezas:

Conjunto de falda ceñida hasta las rodillas, blusa de cuello redondo con manga tres cuartos. De color verde y dorado está confeccionado con tafetán de seda y decorado con hilos de lamé. El forro también es de tafetán de seda. **[4]**

El otro conjunto presenta las mismas características pero es de color rosa y dorado. Se trata de dos creaciones del diseñador Pierre Cardin que trabajó con Elsa Schiaparelli hasta que se convirtió en jefe del atelier de Christian Dior en 1947. Cuando le denegaron trabajar con el maestro Balenciaga decidió fundar su propia casa en 1950. Es así como Cardin se inició en la alta costura en 1953. Era conocido por su estilo vanguardista y por sus diseños de

[4]   [5]   [6]

«Era Espacial». Prefería las formas geométricas y los motivos, a menudo ignorando la forma femenina. Destacó por la innovación al diseñar la moda unisex. En 1954 presentó el «vestido burbuja».

De **Elisabeth Arden**: más conocida por su imperio cosmético que como diseñadora de moda, desde los años 40, Elizabeth Arden se dedicó incansablemente a ambos ámbitos. El vestido rojo y dorado de cuello redondo y manga larga con la cintura ceñida fue el que Gala escogió para la inauguración del Teatro-Museo Dalí de Figueres el 28 de septiembre de 1974. Para la ocasión lo acompañó con el colgante de piedras azules colocado en este mismo maniquí. El tejido es de seda realizado en los años 70 en tafetán, pasamanería y forro de seda. **[5]**

De **Jean Couten**: se expone, al fondo, un vestido de manga larga de color rojo y rayas negras con flores de terciopelo lilas. Gala lo lució en el holograma «Dalí pintando a Gala», conocido también como el «Pastor y la sirena» (*c*. 1973).

Además, podemos ver dos piezas que no están firmadas:

Un vestido de fiesta blanco, recto hasta los pies, con manga ranglan sin puño. Cuello redondo con decoración tipo colar egipcio. Confeccionado con fibras celulósicas, rayón, viscosa y placas de plástico y cordón.

Y el conjunto de fiesta formado por una blusa blanca de manga larga y cuello redondo de conjunto con una falda larga de tul elástico con lentejuelas de celulosa y de color negro. Se trata del cuerpo que Gala lleva en la conocida foto de Horst P. Horst reproducida en la revista *Vogue* del 1943[44]. **[6]**

[44] «Madame Salvador Dalí», *Vogue*, New York, 01/06/1943, p. 56-57.

Sala Las «Galas» de Gala.

Conjunto de dos piezas con estampado diseñado por Salvador Dalí.

LA ZONA DEL OFFICE

Nuevamente en el primer piso, nos dirigimos a la sala de exposiciones temporales, antigua parte de la cocina, la destinada a los fogones, una parte no intervenida por Salvador Dalí, motivo por el que se ha podido destinar a otras funciones. Justo al lado, hay la parte correspondiente al office. El suelo, en tablero de ajedrez, tal como le gustaba a Dalí, y la ventana, como en otras partes del castillo, con su banco festejador, dan a esta estancia poco utilizada por Gala y Dalí un aire amable y grave, con muebles prácticos y sencillos.

Algunos de los objetos que aquí encontramos son de uso decorativo más que diario y merecerían un lugar destacado en el escaparate de la habitación de los invitados. En los cajones abiertos de la mesa, una cubertería de

Sala de exposiciones temporales.

plata de la casa Tiffany's, regalo de Dalí a Gala, donde cada cubierto lleva grabado su nombre. Mención especial merece la serie de botellas, como la botella de brandy que forma la cabeza de una gitana de las destilerías Nogueras Comas de Barcelona; la de cereza de las destilerías Const Terzakis de Grecia en forma de bailarina griega o la de porcelana blanca decorada con forma de fallera valenciana que contenía doble curazao de las destilerías «El Lorito» de Benetússer de Valencia. También destaca una curiosa botella de cava de cristal verde con siete agujeros, al lado de dos vasos con efecto óptico que hace que parezcan llenos.

Encontramos, también, juegos de café de porcelana, como el de Rosenthal, y unos platos también de porcelana, esta vez de Limoges, con diseño de Salvador Dalí. En el armario rinconero, entre la vajilla, destaca un molinillo de café de la marca Grulet con una reproducción de *El Ángelus* del pintor Jean François Millet. La mesa, puesta, muestra un desayuno de un día cualquiera de la señora del castillo, y sobre una de las sillas el delantal que llevaba Dolors, al frente del servicio del castillo.

Antes de pasar al comedor, vemos uno de los esbozos para la decoración de la Torre Galatea de Figueres, que Dalí hizo mientras estaba en Púbol. Se trata de un dibujo técnico (acuarela, lápiz y tinta sobre cartón, 42 × 72,7 cm, *c.* 1983) sobre el que el pintor esbozó, utilizando un rotulador, la silueta de los huevos que coronan el tejado de la fachada del edificio, sede de la Fundación Gala-Salvador Dalí. El original se encuentra actualmente expuesto en la sala de Las «Galas» de Gala.

El office.

Detalles del office.

Cubertería de plata de Tiffany's.

Molinillo de café.

EL COMEDOR Y EL ÚLTIMO TALLER DEL ARTISTA

Pasamos ahora a lo que era el comedor, que, por un extremo, comunica con la sala de los Escudos. Al final de la sala, hay el que fue el último taller del artista, donde realizó sus últimas obras.

Destaca la vitrina en la pared del comedor, que podríamos considerar como una continuación del aparador de la habitación de los invitados, pero dedicado fundamentalmente a la obra más conocida de Millet, *El Ángelus*. Encontramos una acumulación de juegos de teteras de porcelana, ordenadas por medida, de grande a pequeña, como en un juego de muñecas rusas. También, con la imagen de la obra de Millet, descubrimos unos tarros para guardar café, harina, azúcar, pimienta y especies.

Las referencias a *El Ángelus* de Millet son recurrentes en la obra del pintor, por ello no nos tiene que extrañar encontrar esta obra representada de muchas maneras, incluso en objetos de decoración como los que hay en este armario-aparador. Como él mismo explica en su autobiografía, *La vida secreta de Salvador Dalí*, es una imagen que le persigue desde la infancia, cuando la veía en uno de los pasillos del colegio La Salle de Figueres, y que contemplada en la penumbra, precisamente después de la hora del Ángelus, le producía «una oscura angustia, tan aguda que el recuerdo de esas dos siluetas inmóviles me persiguió varios años con la constante inquietud provocada por su continuada y ambigua presencia»[45].

Los otros objetos que los acompañan son un pequeño busto de guerrero, un muñeco con vestido catalanizado, piedras talladas, más jarrones, y una imitación de huevo de pascua sostenido sobre un trípode formado por tres flechas. Y, en medio de todos esos objetos, aparecen cuatro obras en miniatura de Dalí que son especialmente interesantes. La más destacada es *Sin título. Vista de Púbol,* de alrededor de 1971, que representa el castillo y la iglesia de Púbol en medio de un paisaje de árboles, aprovechando las aguas sugerentes

de la propia piedra. Hay inscrita la dedicatoria siguiente: «a Gala de Puvol. Dalí (sic)» (óleo sobre piedra, 9 × 20,5 cm). Inserida en una concha de cabra de mar, encontramos una ágata pulida sobre la que Dalí pintó el rostro de Gala en 1970. Hay también una escultura de Cristo clavado en la cruz en posición muy retorcida que recuerda al *Cristo twisteado* del Teatro-Museo Dalí de Figueres y otras figuras realizadas con la técnica de la cera perdida o bien resultado de modelar papel de aluminio.

101

[45] *Cit. supra.*, n. 5, p. 347-348.

El comedor.

Otra obra que llama nuestra atención es una piedra ovalada, redondeada por la acción del tiempo y del mar, sobre la que Dalí pintó al óleo la figura de Cristo clavado en la cruz, (5 × 4,5 cm, *c.* 1959). Comentando esta obra, Dalí dijo que «por amor a Gala, soy capaz de convertirme en un buen pintor veneciano». La obra es de finales de la década de los 50, pero posteriormente Dalí pintó en la parte inferior derecha «Pour Gala / Dalí / 1974 (sic)». Este tipo de dedicatorias confirman que se trataba de regalos que Dalí hacía a Gala cada vez que se reencontraban o que él iba a Púbol. A veces eran obras acabadas de hacer, pero en ocasiones eran pinturas u objetos que, como éste, ya tenían en Portlligat, la casa común, y que Dalí quería dar en exclusiva a Gala.

Al pie del armario encontramos un objeto, concebido como prueba de base para los huevos que coronan la Torre Galatea de Figueres, si bien nunca se realizó. Durante una época sirvió para tapar el altavoz de encima del trono de la sala de los Escudos hasta que fue substituido por el escudo de marqués. Se trata de una teja cantonera, con un rostro pintado. En la parte que corresponde a la boca hay un agujero. La figura representada podría ser la tramontana.

Vitrina del comedor. | Salvador Dalí. Ágata pulida con el rostro de Gala, 1970 y *Sin título. Cristo, c.* 1959.

En el comedor encontramos, como en el resto del castillo, diversos muebles procedentes de anticuarios y almonedistas de la zona. El mobiliario, como el resto de la casa, era el mínimo indispensable: una mesa de refectorio de anticuario con dos bancos; un espejo de marco de madera de ébano decorado con formas geométricas, estilo holandés, del siglo XVI, muy querido por Dalí, por la connotaciones vermeerianas que comporta; una silla del Pirineo de madera con tres columnas en el respaldo y una flor esculpida que data del siglo XVII; un armario de cocina del Pirineo con las puertas divididas en casetones decorados con una X de madera de castaño del siglo XVII. Sobre este armario ornado con las siemprevivas se halla una cabeza de león que Dalí utilizaba en ocasiones para dar miedo a Gala, como un sombrero salacot, utilizado por el mismo Dalí cuando salía al jardín a tomar el sol tanto en Portlligat como en Púbol.

En esta estancia encontramos el banco de madera donde el cineasta Luis Revenga filmó en 1982 una larga entrevista que apareció más adelante como las últimas secuencias de una película inédita, *Enigma Dalí*, en las que Dalí quiso representar reiterativamente diferentes entonaciones de la

Tetera con *El Angelus* de Millet. | Salvador Dalí. Cristo clavado en la cruz y *Sin título. Vista de Púbol*, c. 1971.

antigua canción popular catalana *La filla del marxant*. Dalí aumentaba enfáticamente su tono hasta que la fatiga le hizo caer. En la imagen de la filmación, pasa por delante de la cámara una sombra amarilla que era Antoni Pitxot, que evita que Dalí se golpee contra el suelo. Toda la secuencia estaba destinada a llevar hasta Méjico la comunicación de Dalí a Luis Buñuel de la mano de Javier Solana, junto con un guión esquemático muy preciso donde Dalí proponía a Buñuel el propósito de realizar una nueva filmación. Buñuel le contestó desde Méjico que ya había pasado su momento. El breve guión estaba ubicado en la pequeña escalera de acceso al metro de una ciudad imaginaria con un único protagonista, cojo, «el diabloncillo», que repetitivamente entonaba la canción mientras transcurría el devenir del tiempo, también el meteorológico.

Al final, subiendo un pequeño peldaño, se accede al que era el antiguo oratorio del castillo, que Dalí quiso anexar con el comedor y convirtió en una zona para la chimenea. Los antiguos barones de Púbol tenían derecho a oír misa a través de una ventana, privilegio de la Iglesia concedido a algunos nobles de poder seguir los rituales del templo. Al comprar Dalí el castillo, se creyó conveniente prescindir de ella y hacerla tapiar. Curiosamente, la Torre Galatea, antigua casa Gorgot, tenía también una puerta que daba el privilegio a los señores de acceder directamente a los palcos del teatro, y actualmente es la que comunica los dos recintos.

Esta zona del comedor es donde se conserva el caballete donde se tiene constancia que Dalí realizó sus últimas obras. De hecho se expone una copia del que se considera el último óleo que pintó *Sin título. Cola de golondrina y violonchelos. Serie de las catástrofes* (óleo sobre tela, 73 × 92 cm, *c.* 1983). Dalí acostumbraba a pintar en una butaca que tenía una funda blanca, en la que todavía quedaban estigmas inevitables en forma de manchas de las últimas actividades del pintor. Se pueden ver sus gafas, los últimos pinceles que utilizó, un tiento, y el sofá que, como en Portlligat, en los últimos tiempos, le servía para pintar sentado y poder dedicar así más tiempo a la pintura. También podemos observar un cartel con el rostro de Dalí coronado y el de Gala; la foto es de Jean Clemmer.

En estas últimas obras, hay referentes muy personales como su preocupación por la teoría de las catástrofes del matemático francés René Thom y los homenajes a Velázquez y Miguel Ángel, maestros a quien siempre había admirado. Sus pensamientos del momento quedan bien explícitos en su declaración: «[La mía] ya no es una imaginación puesta al servicio del capricho o del sueño, ni del automatismo, sino unas significaciones que son la conclusión de mi propia existencia, de mi enfermedad y de todos mis recuerdos»[46]. Durante unos meses su actividad todavía fue importante y le acompañó en ocasiones Isidor Bea, el hombre que desde mitad de los años 50 le ayudaba en el taller. En abril de 1983, poco después de haber inaugurado la gran exposición antológica de Madrid[47], abandonó definitivamente la pintura.

[46] «Apareció el Dalí colombiano», *Revista Semana*, Colombia, 23/05/1983, s.p.

[47] *400 obras de Salvador Dalí del 1914 al 1983*, Obra Cultural de la Caixa de Pensions, Madrid, 1983.

La chimenea y talla de san Juan Bautista.

Dalí pintaba en esa época casi sin luz, porque decía que le molestaba y esta habitación tiene poca. Tenía situado el caballete entre la chimenea y la ventana ahora tapiada. La escenografía de esta parte del comedor, cuya pared da a la iglesia, cuenta con una pieza religiosa, la talla de madera estucada y pintada de San Juan Bautista con el brazo derecho alzado y el dedo índice señalando el cielo mientras que con la otra mano sostiene una concha en referencia al bautizo. En sus pies hay un cordero, alusión a Cristo.

La chimenea adopta la forma de doble curva, de acuerdo con un dibujo de Dalí y del trazo que hizo directamente sobre la pared. Su idea, repetidamente pregonada, era que la curva corresponde a la que tiene una gota de agua antes de romperse. «Es el principio de la gota de agua que se aguanta por una ley física de tensión superficial pero acaba convirtiéndose en un hecho cósmico»[48], repetía sin respirar. En el interior encontramos los morillos de bronce decorados con un bajorrelieve en forma de busto del s. XVIII.

[48] PITXOT, Antoni; PLAYÀ, Josep. *Castillo Gala Dalí: el camino de Púbol.* Fundació Gala-Salvador Dalí, Escudo de Oro, Figueres, Barcelona, 1997, p. [46].

El último taller de Salvador Dalí, en el comedor.

Sin título.
Cola de golondrina
y violonchelos. Serie
de las catástrofes.
c. 1983
Óleo sobre tela (73 × 92 cm)
Teatro-Museo Dalí
de Figueres

Es el último óleo que pinta
Dalí. Lo realiza en el castillo
de Púbol y en él aplica
conocimientos expresados por
el matemático René Thom en
su libro *Paraboles et*
catastrophes (1983). Dalí
utiliza la forma del violoncelo,
a la que atribuye funciones de
símbolo de sentimiento más
que de presencia musical. En
esta última época daliniana,
el violoncelo es protagonista
siempre de alguna misión
dolorosa; en otras telas
aparece agredido por mesitas
de noche. Tiene algo de ego
herido y, en este caso, es el que
participa en la representación
de la cola de golondrina, el
elemento más determinante,
por su contenido poético,
de todas las descripciones
y grafismos que había ideado
en la teoría de las catástrofes.
Reúne, pues, estos dos puntos
de coincidencia: dolor
y belleza.

LA GALERÍA

Del comedor podemos salir a una amplia galería con vistas magníficas sobre el jardín y los campos del entorno. Hay restos de la antigua fortificación que remiten a los tiempos pasados. Gala tenia la intención de comprar el campo situado al otro lado de la calle para proyectar un puente a la manera veneciana que lo uniera con su terraza. En un rincón de la terraza, vemos la figura de un guerrero, en yeso, sobre un pedestal que reproduce un escudo imaginario. Una parte de esta galería, a la izquierda, que desde

el exterior se distingue por unos porches, se encuentra cubierta. Era un lugar ideal para descansar Gala los días de verano en unas *chaises longues* que todavía se pueden ver. También hay un balancín y un puf seguramente procedente de Portlligat (como los que había en la zona de la piscina). En la parte de abajo, se encuentra la sacristía de la iglesia, lo que demuestra la imbricación que había entre el recinto de los nobles y el de los eclesiásticos con el templo colindante. Una escalera nueva para adecuar la visita, nos conduce a la salida.

LA CRIPTA

De regreso al patio central, a la cripta se accede por la puerta situada bajo el porche de salida al jardín y que da paso a un pequeño recibidor o antesala. Lo primero que nos llama la atención son las tres cabezas de león de cartón, que nos vigilan desde la pared del frente. A la derecha hay colgado un cartel que muestra el modelo de silla creado por Charles Rennie Mackintosh en 1902. Este póster, que le regalaron a Dalí, sobre papel de acetato transparente, fue diseñado a inicios de los años 70 por el arquitecto Pep

Salvador Dalí. Proyecto para la Cripta, 1973.

Bonet para la empresa Boccaccio Disseny. Se trata de la reproducción en alzado y en tamaño natural de la célebre silla modernista inicialmente pensada para un restaurante de Glasgow. Seguramente sirvió de inspiración a Dalí para crear las sillas de respaldo alto, de aire mucho más popular. Cabe destacar así mismo la presencia de una jardinera de B.D. Ediciones, inspirada en un original de Lambert Escaler, siempre con siemprevivas, tal como quería Gala.

La escalera que baja del recibidor conduce a la cripta a través de un pasillo; es un espacio estructuralmente diferenciado del resto del castillo del siglo XIV que, conocido como el Diezmo[49], será la sepultura de Gala el 1982.

En el momento de la rehabilitación del castillo, por los dibujos que se conservan[50], podemos deducir que Dalí había previsto este espacio como una sala de recepciones con una escalinata que acababa con un pasamano de ornamentos modernistas. Los proyectos, pero, no se llevaron a cabo del todo ya que parece ser que para Gala, esta parte del castillo no tenía prioridad y no entró en la primera fase de restauración. Se limitaron a retirar las cubas, ampliar la escalera y colocar unos bancos de pared con cojines y unas estatuas. Se quería también que el suelo formara una especie de tablero de ajedrez, con cuadros blancos y negros, en homenaje a Marcel Duchamp. Este proyecto, lo encargó al constructor Emilio Puignau, que buscó unos azulejos especiales; pero, cuando los tenía, se dio cuenta de que los negros eran demasiado descoloridos. Para solucionarlo, se hicieron bañar unos azulejos de color natural para teñirlos. Con el paso del tiempo se volvieron a descolorar y el tablero de ajedrez sólo quedó en un proyecto. De todos modos hay que destacar la parte técnica: se alzó el suelo para evitar las filtraciones de agua, ya que en Púbol hay muchos manantiales.

[49] Nombre que se da al impuesto del diez por ciento sobre los productos de la tierra destinado a asegurar el mantenimiento del clero y los edificios religiosos. Entre los siglos XII-XVI, en Cataluña, algunos payeses lo pagaban a los señores territoriales. Este espacio del castillo de Púbol, recibió este nombre por el cobro de este impuesto, que se realizaba allí.

[50] En la Fundació Gala-Salvador Dalí, se conservan más de 3.000 dibujos del pintor. Entre ellos, hay que destacar algunos esbozos para diferentes elementos del castillo, tanto arquitectónicos como decorativos. Dalí, una vez más, muestra su interés por la obra total. Los detalles acaban de dar sentido al conjunto, sentido que el visitante redondeará.

Durante los primeros años de estar Gala en el castillo, se le pidió si podía abrir el Diezmo a la gente del pueblo para celebrar la fiesta mayor de verano en caso de que la lluvia impidiera organizar el baile en la plaza. No tan solo lo permitió sino que incluso hizo una aportación económica para la fiesta. En otra ocasión Gala dio también un lote de trece grabados al Ayuntamiento de La Pera, que se hallan expuestos en la casa consistorial.

Hacia finales de mayo de 1982, cuando Gala ya estaba enferma en Portlligat, se decidió la construcción de una cripta en el espacio correspondiente al Diezmo para poderla enterrar. El encargo lo recibió directamente de Dalí el alcalde de La Pera, Benjamí Artigas, el día que acudió con el capellán del pueblo, para administrar la extremaunción a Gala. Fue el aparejador de La Pera quien hizo unos planos de la cripta, con un espacio interior único, pero previsto para dos personas y con dos lápidas encima. Dalí dio el visto bueno sin demasiado interés ya que el estado de Gala lo tenía muy alterado. Las obras se realizaron con rapidez y discreción. Gala murió en Portlligat, pero fue embalsamada y enterrada en Púbol (bajo la lápida que ahora queda, vista desde la entrada, a la derecha).

En el entierro de Gala, que tuvo lugar a las seis de la tarde del 11 de junio de 1982, asistieron sólo una docena de personas, los más íntimos colaboradores de Dalí. El pintor se quedó arriba en la habitación acompañado de Antoni Pitxot, y sólo cuando ya todos se habían ido, bajó con él a la cripta, y estuvo un rato llorando en silencio delante la tumba de su compañera y musa. Nunca más volvió a bajar, excepto un día lluvioso, aprovechando una distracción de las enfermeras; Dalí se arrodilló unos instantes delante la tumba, temblando de frío, en un gran estado de excitación.

En la cripta de Gala hay un toque expresamente teatral que quiere eludir tanto como sea posible los elementos mortuorios. Dalí plantea el Diezmo como el espacio donde descansa Gala, la cámara donde un conjunto de personajes la protegen y le hacen compañía: una jirafa, unos caballos clásicos y un jinete arrodillado, situados en la última faja de arcadas, por donde entra la luz de poniente, de manera que un rayo de sol ilumina las tres figuras.

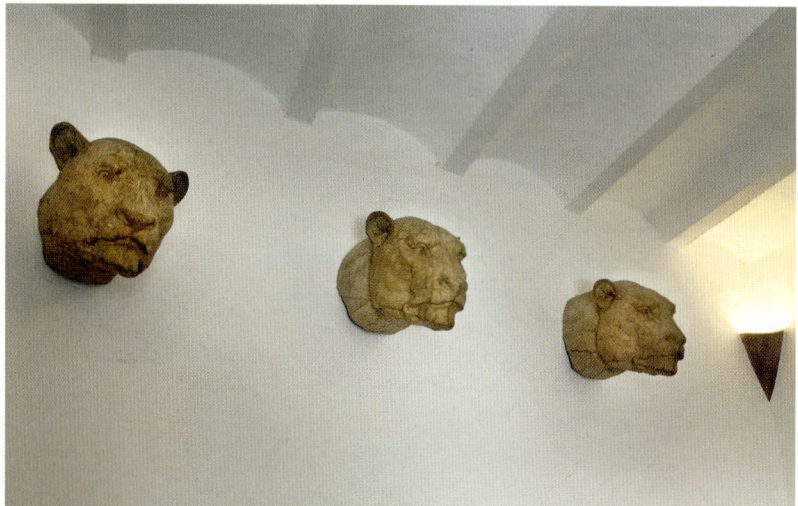

Cabezas de león de cartón, en el acceso a la Cripta.

Dalí, más adelante, pensó en construir en este espacio un monumento funerario como el que existe en la catedral de Nantes, conocido como la «tumba de los carmelitas», realizado por encargo de la reina de Francia, Ana de Bretaña, para acoger los restos de sus padres. Pero al tener lugar el incendio, el proyecto cayó en el olvido.

A pesar de que el estado de Dalí se iba agravando por las pocas ganas de moverse y comer, el artista no hablaba de la muerte. «Los genios nunca mueren»[51], le dijo a un periodista cuando ya estaba instalado en la Torre Galatea de Figueres. La búsqueda de la inmortalidad era una obsesión de su vida. Es cierto que en 1985 todavía dijo a sus íntimos que quería ser enterrado en Púbol «con la cara cubierta» y sin flores. Pero ya no volvió a hablar de ello nunca más, hasta que a finales de 1988, cuando estaba ingresado en la Clínica Quirón de Barcelona, y viendo ahora sí la muerte muy cerca, pidió la presencia en su habitación del alcalde de Figueres, Marià Lorca. Le dijo que quería ser enterrado en el Teatro-Museo, debajo mismo de la cúpula.

Muchos se extrañaron de esa disposición de Dalí, que rompía la idea romántica de los dos cuerpos juntos, enterrados en Púbol dándose la mano por debajo tierra y, una vez más, se saltaba las convenciones. Pero había un hilo conductor que arranca de cuando Gala y Dalí, en 1968, se prometieron el Castillo y el Teatro-Museo como regalos, y acaba con la conversión de los dos escenarios en sus panteones: Gala, en la cripta de Púbol, y Dalí, bajo el escenario del viejo teatro de su ciudad natal, su última gran obra, en la vertical que atraviesa por el centro de la cúpula y se eleva hacia el cielo. Dos construcciones simbólicas, con unidad de sentido, al servicio del arte y sus creadores[52].

[51] Traducido de: GENÍS, Narcís; «Aplaudiments per Dalí en el seu retorn a la Torre Galatea després de l'operació», *El Punt*, Girona, 17/07/1986, p. 3.

[52] *Cit. Supra.*, n. 48, p. 52.

Jardinera de B.D. Ediciones inspirada en un original de Lambert Escaler, con siemprevivas.

EL JARDÍN

Salimos ahora por la portalada de la fachada sur del edificio, del 1798, y nos encontramos en un pequeño paseo de plátanos que arranca en el muro de levante del jardín, desde dónde Gala llegaba al castillo con el Cadillac o con el Datsun naranja.

Recordemos que Dalí en su obra hace referencia al jardín, incluso alude a la idea extendida de que el Empordà es un jardín. También menciona en su creación al agua, al surtidor, a la poesía, a los ideales de paz y naturaleza. Muchas veces ofrece una visión tópica.

La avenida de plátanos es el elemento que articula el edifício fortificado con el jardín, estructurado a partir de un camino central principal y dos laterales que distribuyen el espacio en dos sectores, organizados cada uno de ellos a partir de cercas vegetales del viejo jardín a la francesa, de la época de los barones de Púbol, con reminiscencias de un jardín catalán rústico de simetría axial. Una estructura inicial que Dalí, aún conservándola, italianizó de tal manera que ha quedado desbordada por las plantas que los Dalí eligieron en su momento —cipreses, frutales, lilas, adelfas, jazmín o madreselva. No tenemos que olvidar que poco antes de descubrir el castillo Salvador Dalí había quedado fascinado por la magia barroca de los jardines de Bomarzo, cerca de Roma. Paseando por cualquiera de los tres caminos que dibujan el jardín vamos descubriendo los diferentes elementos vegetales, escultóricos y arquitectónicos, con los que Salvador Dalí decora los diferentes espacios delimitados por las cercas vegetales. Los tres nos conducen al particular espacio de la piscina.

El camino de levante, el más umbrío, transcurre por entre los parterres y el muro de cierre que, coronado por chumberas, en 1983, a fin de poder mantener la privacidad del pintor, se hizo aumentar su altura. Desde el abrevadero para los caballos de los barones y el pequeño bosque de adelfas, justo en la entrada del camino, se puede disfrutar de la falsa perspectiva que

Salvador Dalí. Proyecto para el jardín de Púbol, *c.* 1970.

fija la mirada del visitante en la reproducción escultórica de la *Venus Esquilina* (117-138 d.C.), conservada actualmente en los Musei Capitolini de Roma. Salvador Dalí es un gran amante de las falsas perspectivas, la que más le interesaba era la del Palazzo Spada de Roma —famoso por la falsa perspectiva conseguida por Francesco Borromini, arquitecto exponente del Barroco—, donde en un cruce hay tres dimensiones reales y una ficticia que es la que presenta más ilusión de profundidad. Una vez más se trata de engañar a los sentidos para poder huir de la dualidad realidad-ficción. En el caso de ese

Elefante-surtidor con patas de insecto.

Escultura del jardín.

Réplica de la *Fuente de los Leones* de la Alhambra.

Balaustrada con *trompe-l'œil*.

Elefante-surtidor.

«corredor» del castillo, el artista juega con la línea recta de la pared de cierre, que nos marca el sentido de la mirada, mientras dispone las diversas plantas de manera que a medida que se alejan del espectador, se acercan a la pared; el resultado final son dos líneas que convergen en la Venus, convertida en el punto de fuga. La espesa vegetación del camino hace también la función de escondrijo de los elefantes que se van descubriendo a medida que se avanza, ya que de entrada, de ellos sólo vemos las trompas que lanzan agua para refrescar el ambiente en verano.

Por contra, el camino lateral de poniente abre el jardín al paisaje del pueblo de Púbol, pero desde un punto de vista elevado que da una posición privilegiada y distante al habitante del castillo. El camino está oculto tras la glorieta de la terraza, cubierta por las hiedras y el jazmín, que Gala definía como «un lugar para tener en él un coloquio sentimental»[53]. El paseo nos conduce a uno de los rincones preferido de Gala, a la sombra de una vieja higuera, mientras se descubre, entre las cercas y las hiedras, una réplica de la *Fuente de los Leones* de la Alhambra de Granada, que nos recuerda que durante aquellos años Dalí también estaba trabajando en la decoración de la piscina de su casa en Portlligat, dónde encontramos otra réplica.

La entrada principal al jardín, sin embargo, en un orden jerárquico claro respecto al resto, es el camino central. Se entra pasando por debajo de una pequeña estructura de hierro donde trepa el jazmín y conduce hasta a la piscina, enmarcando la estructura escultórica principal. A medio camino, en un claro presidido por dos moreras, hay en cada uno de los lados, dos elefantes con patas de langosta y pies de ave rapaz —recordemos que es un elemento destacado en la iconografía daliniana— que, según Dalí, junto con dos elefantes más ocultos entre los árboles, «avanzan amenazadoramente hacia el castillo». Una idea fácilmente perceptible en invierno desde las ventanas del castillo y la galería. De los cuatro elefantes, todos hechos

[53] *Cit. Supra.*, n. 48, p. 55.

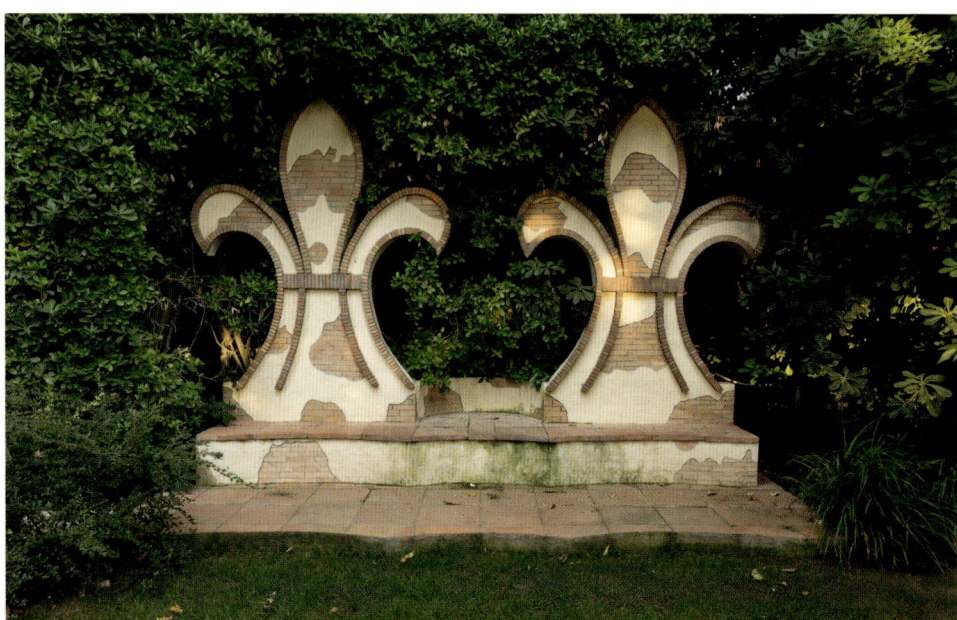

Banco con respaldo en forma de flor de lis, con *trompe-l'œil*.

de cemento con un alma de hierro y ligeramente elevados sobre piedras del cabo de Creus, tres fueron hechos en el olivar de Portlligat y transportados a Púbol y uno, el que parece inacabado, fue hecho *in situ*. Si bien los elefantes de la iconografía daliniana conocida llevan un obelisco en la grupa, los de Púbol muestran un cuervo con las alas extendidas, elemento heráldico del linaje de los Corbera, barones de Púbol a principios del s. XV, y del escudo del pueblo. Al final del camino, otro soporte metálico con jazmín da acceso a la piscina.

LA PISCINA

La primera impresión al llegar al claro de la piscina es significativamente diferente si se llega por uno de los caminos laterales, a través de la vegetación frondosa y de forma no esperada, como si saliéramos de un escondite, o desde el camino central, donde los elementos arquitectónicos centrales son un preludio del espacio desde el primer momento que uno entra en el jardín.

Esta zona se terminó en primavera de 1974, en la época que también finalizaban las obras del Teatro-Museo de Figueres.

Alrededor de la piscina, hay tres construcciones en las que Dalí hizo pintar unos *trompe-l'oeil*, que simulan el desprendimiento del revoque de muro haciendo visible los ladrillos, también pintados, de la parte posterior, para recuperar la ilusión o la intención de la estela del tiempo.

En el muro del fondo destaca el conjunto escultórico de piedra que recuerda un templete clásico, con una arcada central flanqueada por dos cariátides que actúan de pilastras. Debajo de la arcada encontramos una fuente coronada con figuras de un niño y un delfín. Todo el conjunto provenía de un jardín particular de Figueres, la ciudad natal del pintor. De nuevo, aparece el pasado desde el presente y el uso tan daliniano de restos descontextualiza-

La piscina.

dos de antiguas construcciones. Delante del templete está un brollador en forma de cabeza de rape. A ambos lados tenemos catorce reproducciones escultóricas de distintas tonalidades de un busto del compositor alemán Richard Wagner por quién Dalí sentía gran admiración.

A la izquierda del templete está un banco con respaldo en forma de dos grandes flores de lis, emblema que Dalí también utiliza para la composición de uno de los escudos heráldicos del castillo. Y, en la parte de delante de la piscina, una baranda con forma de balaustrada actúa de línea divisoria entre esta zona y el jardín.

Este espacio es, pues, concebido como un lugar de aislamiento, un mundo hermético donde refugiarse y dedicarse a la contemplación. Un espacio lleno de referencias personales que subraya el concepto general que se desprende de toda la restauración que Salvador Dalí hace del castillo: una torre de marfil en homenaje a Gala, con un fuerte componente romántico y simbólico. El castillo transmite un aire proustiano, donde Dalí analiza con fruición cada uno de sus recuerdos y ofrece a Gala instantes de sublimación y de intensa comunicación que siempre ha habido entre ambos. Además, aquí Dalí quiere ir más allá de la representación bidimensional manteniendo la magia de aquello real, y siempre dejando espacio al azar. Nosotros, visitantes, somos invitados en un espacio singular, el espacio del triángulo daliniano donde más se nos muestra Gala.

Templete de la piscina. | Bustos de Richard Wagner.

CASTILLO GALA DALÍ DE PÚBOL

PLANTA BAJA Y JARDÍN

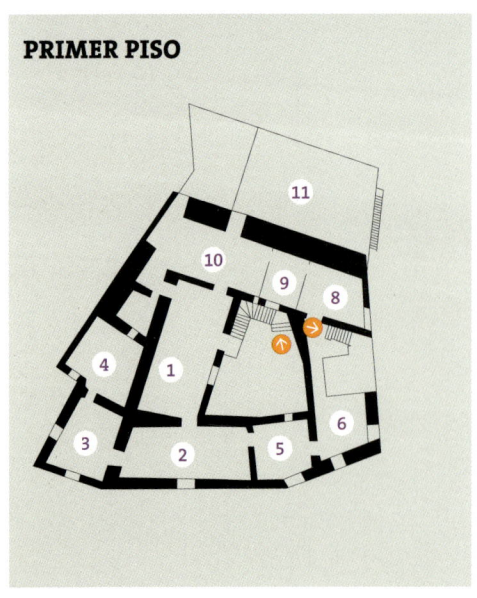

A Taquillas
B Tienda
C Patio

PRIMER PISO

SEGUNDO PISO

1 Sala de los Escudos
2 Sala del Piano
3 Habitación de Gala
4 Cuarto de baño y tocador
5 Biblioteca

6 Habitación Roja
7 Las «Galas» de Gala
8 Exposiciones temporales
9 Zona del office
10 El comedor

11 La galería
12 La Cripta
13 El garaje
14 El jardín
15 La piscina

EL TRIÁNGULO DALINIANO

El Castillo Gala Dalí de Púbol
se incluye, conjuntamente con el
Teatro-Museo Dalí de Figueres y
la Casa Salvador Dalí de Portlligat,
en el complejo museístico
gestionado por la Fundació Gala-
Salvador Dalí.

Castillo Gala Dalí de Púbol.

Teatro-Museo Dalí de Figueres.

Casa Salvador Dalí de Portlligat, Cadaqués.

FUNDACIÓ GALA-SALVADOR DALÍ

TRIANGLE▼BOOKS

Edita
Fundació Gala-Salvador Dalí
Triangle Postals, SL

Dirección
Jordi Puig

Dirección artística
Ricard Pla

Coordinación editorial
Joan Manuel Sevillano
Campalans, Gerente
Fundació Gala-Salvador Dalí

Imma Planas,
Triangle Postals, SL

Texto
© Antoni Pitxot,
Montse Aguer Teixidor, 2019
Colaboración de Clara Silvestre

Fotografías
© Jordi Puig, 2019

Pág. 17 © Studio 46, Roma
Pág. 25 © Melitó Casals «Meli»
/Fundació Gala-Salvador Dalí,
Figueres, 2019
Pág. 87 Horst P. Horst/*Vogue*
© Conde Nast

Derechos de imagen de
Salvador Dalí reservados.
Fundació Gala-Salvador Dalí,
Figueres, 2019

Obras de Salvador Dalí
© Salvador Dalí, Fundació
Gala-Salvador Dalí, Figueres,
2019

Fotos de archivo
Centre d'Estudis Dalinians,
Fundació Gala-Salvador Dalí

Diseño gráfico
Joan Colomer

Maquetación
Vador Minobis

Traducción
Marta Pola Puigdellívol

Supervisión de los contenidos
Centre d'Estudis Dalinians,
Fundació Gala-Salvador Dalí

Impresión
Gráficas San Sadurní

Impreso en Barcelona, 3-2019

© de la edición
Fundació Gala-Salvador Dalí
Triangle Postals, SL

Depósito legal
Me-99-2019

ISBN
978-84-8478-858-4

Esta es una segunda versión
de la guía del Castillo Gala
Dalí, de Púbol. La primera,
e importante, ha sido su base
y soporte: PITXOT, Antoni;
PLAYÀ, Josep. *Castillo Gala Dalí:
el camino de Púbol*. Figueres:
Fundació Gala-Salvador Dalí,
Barcelona: Escudo de Oro, 1997.

Asimismo, queremos hacer
constar la colaboración importante de Jordi Artigas, respon-
sable de las casas-museo Dalí,
y de Carme Ruiz, Curadora jefa
del Centre d'Estudis Dalinians.

El editor ha hecho todos los
esfuerzos posibles para contac-
tar con los propietarios de los
copyrights. Si no se ha conse-
guido la autorización correcta
o no se ha dado el crédito
correcto, pedimos a los propietarios del *copyright* nos lo
comunique.

Este libro no podrá ser reprodu-
cido ni total ni parcialmente
por ningún tipo de procedi-
miento, incluidos la reprogra-
fía y el tratamiento informáti-
co, sin la autorización escrita
de los titulares del *copyright*.
Todos los derechos reservados
en todos los paises.

Triangle Postals, SL

Sant Lluís, Menorca
Tel. +34 971 15 04 51
triangle@triangle.com
www.triangle.com